도창스님의 신행한담

된다, 안 된다,
자기 한정의 늪에서
벗어나려면

도 창 스 님 의 신 행 한 담

된다, 안 된다,
자기 한정의 늪에서
벗어나려면

| 도창스님 지음 |

씽크북

마음의 도리입니다

된다. 안 된다.

자기 한정의 늪에서 벗어나세요.

그리고 자신의 능력을 무한히 가져다 쓰는 것입니다.

자기 한정이라는 것은 이미 아집(我執)이라는 자기 집착에 노예가 되었음을 의미합니다.

본래 내가 없고 상대가 없다면 나는 안 되고 상대는 된다는 분별도 사라집니다.

오직 상대가 할 수 있다면 당연히 나 또한 할 수 있게 됩니다.

힘겨운 일을 당해서도, 시험을 앞둔 수험생들도, 새로운 사업을 시작하면서도 스스로의 능력을 과소평가하는 마음은 버려야 할 첫 번째 관념입니다.

'할 수 있을까' 하는 나약한 마음이 반복되면 그 마음은 점차 실체화되어질 지도 모릅니다.

공부가 안 되어도 공부 안 된다는 생각, 시험 잘 볼 수 있을까 하는 생각은 일찍부터 버리시는 것이 좋습니다.

사업이 잘 안 되더라도 왜 이렇게 사업이 안 되지 하는 마음은 금물입니다.

혹은 누가 물어 오더라도 '잘 된다' 고 이야기하심이 좋을 것입니다.

그것이 바로 잘 될 수 있도록 하는 마음공부, 마음연습이기 때문입니다.

마음도리라는 것이 그렇습니다.

본래 한정된 것, 정해진 것이 없기 때문에 무엇이든 마음 일으킨 대로 되어지게 되어 있습니다.

본래 우리의 마음속에는 모든 것이 원만하게 구족되어 있기 때문입니다.

다만 '될 수 있을까' 하고 의심하여 굳게 믿지 못하는 데서 일이 흐트러지기 시작하는 것이며, 구하지만 안 되는 이유는 오직 '나는 안 돼' 하는 자기 한정의 마음 때문임을 명심하셔야 합니다.

이 세상이야말로 내 마음 닦은 그대로의 나툼입니다.

빌려준 돈 받지 못함도 내 마음의 탐심(貪心) 나툼이며, 주위 사람이 화를 내도 내 마음의 진심(瞋心) 나툼이요, 생각한 만큼 일이 잘 안되는 것도 내 마음의 치심(癡心) 나툼입니다.

밝은 마음 계속 연습하면 세상이 밝아지고, 어두운 마음 연습하면 세상이 어두워집니다.

내가 닦은 만큼 세상은 그만큼만 밝아질 것입니다.

에누리 없는 세상, 그것이 바로 '과의 철칙' 아니던가요.

스스로 한정짓지 않고 텅 비어 무엇이라도 다 담을 수 있도록 밝게 열린 마음을 연습을 하세요.

'된다,' '된다' 하는 마음 담아 두면 절로 되어지고,

'안 된다', '안 된다' 하는 마음 담아 두면

될 일도 그르쳐지는 것이 우리네 마음 도리입니다.

당신은
어느 **그릇**인가요

모두 함께
조화로운 세상을……

사람들은 새해가 되면 미래의 희망을 설계하고 새로운 각오를 다짐하게 됩니다.

하지만 인생을 산다는 것이 그냥 앞날에 대한 걱정이 아니면 지난날에 대한 후회가 많습니다.

우리 사는 게 늘 그렇습니다.

어떻게 하면 마음에서 일어나는 불안을 떨쳐버릴 수 있을까요.

내가 항상 말씀드린 대로, 공부라고 이름 붙일 것도 없는 공부를 조금이라도 맛을 봤다면, 그렇게 오지 않은 앞날에 대해 미리 걱정하는 예는 없고, 또 지나간 날에 대해 후회를 하는 예는 없을 겁니다.

내가 항상 비워라 놓아라 그러죠?

예를 들어서 그릇이 있어서 담고 싶은 것은 많고 담아야 될 텐데, 그릇을 비우지도 않고 그냥 갖다 담는다고 담아집니까?

본래 있던 것들을 비워야만 담기는 거지요.

마찬가지로 내 앞에 걱정이 되어 닥쳐오는 마음들이 있으면, 그것이 과거부터 지어놓은 인연에서 오는 생각이든, 오랫동안 품어왔던 생각이든, 업보든 그런 건 상관하지 말고 "네 속에서 모든 것이 진행된 거니까, 네 속에서 모두 나오게 한 거니까 네 속에서 해결을 해야 하잖아!" 하고 바꿔서 되돌려 놓는 겁니다.

이게 바꿔 끼우는 거죠. 바꿔 끼우고 믿어야 되죠.

그런 생각들이 있다는 것을 알려주는 그 놈을 믿어야죠.

안으로나 외부로나 어떠한 문제든지 용도에 따라서 철석같은 믿음으로, 되돌려서 근본 본래자리로 진행해야 합니다.

놓는다는 것은 앞뒤가 없이 그냥! 놓는 겁니다.

거기에 지저분한 꼬리가 붙을 수가 없습니다.

큰 믿음을 가졌다면 그럴 수가 없지요.

나고 죽어도 그 자리인데 뭐가 붙을 게 있겠습니까?

그렇지만 아직은 주인공 자리를 확연히 알지 못하고 믿지 못하는 사람들에게는 한마디 더 해주는 것입니다.

만약 아주 급해서 안 될 때에는 '당신이 한 일이니 당신이 해결해야 할 것 아닌가?' 하고 "관(觀)" 하라는 것입니다.

나와 주인공을 둘로 보지 말고 모든 문제를 자문자답하기를 당부합니다.

오직 붙들고 늘어질 곳은 나의 영원한 친구이자 스승인 근본이라는 것을 항상 잊지 마세요.

어떤 생각이 잘못 나왔든 잘 나왔든 그것은 잘 배우게끔 이끌어가는 지름길이라고 생각을 한다면 그것이 '생각을 잘못해서 내가 이렇구나. 생각 잘 할 것을…' 이렇게 후회할 필요도 없습니다.

'아, 그걸로 인해서 내가 배움이, 느낌이 참 많았다, 경험이 많았다. 그러니 이러한 경험을 준 것도 참 감사하구나.' 하고 들어가면 자동적으로 그러한 마음이 생겨서 구덩이에 빠지지를 않아요.

그러면 아주 자동적으로 이 길을 걸어가는 데도, 눈으로 보지 못하고 귀로 듣지 못해서 구덩이에 빠지게끔 가게 하는 게 아니라, 내부에서 심안으로 보게끔 하고 심안으로 듣게끔 만들거든요.

그래가지고 아주 잘못됨이 없는 그런 진로를 이끌어가죠.

그러기 때문에 거기다 맡겨서 해라 하는 겁니다.

공부하는 사람이라면, 그 마음내기 이전은 다 똑같은데, 마음을 어떻게 내느냐에 따라 천양지차로 벌어지는 삶을 살게 된다는 걸 알고, 본래 여여한 자신의 근본을 완벽하게 믿을 수 있는 그런 신심을 키워 나간다면 힘이 들면 들수록 어려우면 어려울수록 그만큼 업이 닦아지는구나 하고 감사하며, 이런 저런 생각들도 쉬어지게 될 겁니다.

아무쪼록 올 한해에는 비움을 생활화합시다.

욕망이 승화되면 희망이 되지만 욕망이 변질되면 파멸을 가져올 뿐입니다.

삶의 본질은 탐욕이 아닌 인간 본연의 행복추구가 되어야 합니다.

올 한해에도 이 모임에서 서로 돕고 위하는 인정 넘치는 한해가 되어 모두 함께 조화로운 세상을 만들어 가기를 희망합니다.

청정淸靜과
분별심입니다

공(空)의 모양을 설명할 때 '더럽지도 않고 깨끗하지도 않다'라고 하여, '절대 청정'의 개념으로 이야기하는 경우가 있습니다.

다시 말해, 일체 모든 존재의 본성, 인간의 본성은 더럽거나 깨끗하다는 분별이 없다는 것입니다.

이 말은 다시 말해 우리의 본성, '참나 주인공'은 절대 청정성을 지니고 있다는 의미로 해석될 수 있습니다.

여기에서 '청정'이라는 것은 더러움의 반대 개념으로서 청정이 아니라, 어느 것에도 비견될 수 없는 절대적인 청정성을 말합니다.

우리들이 흔히 깨끗하다, 더럽다고 하는 것은 상대적인 분별심일 뿐입니다.

우리는 어렵고 힘든 일을 할 때에는 작업복을 입으며, 의례 옷이 더럽혀질 것을 알고 있기에 어느 정도 더러워지더라도 더럽다는 생각을 하지 않게 됩니다.

그러나 맞선을 보려고 티 하나 없이 깨끗한 양복을 입고 나갔다고 생각해 봅시다.

이때에는 사뭇 상황이 달라지게 됩니다.

작은 잡티가 있어도 신경이 쓰이고, 더욱 더럽게 느껴지게 됩니다.

있는 그대로 본다면 작업복을 입고 일을 할 때 훨씬 더 더러운 데도 양복을 입을 때 더욱 신경쓰이고 작은 더러움에도 당황하게 됩니다.

이처럼 더럽다거나 깨끗하다는 것도 상황 따라, 인연 따라 더하고 덜한 마음의 분별이 있는 것이지, 본래 더럽고 깨끗한 고정됨이 있지 않다는 것입니다.

대상은 가만히 늘 그 자리에서 고요하지만 우리의 마음이 깨끗하다는 혹은 더럽다는 '상'을 내는 것에 불과합니다.

우리의 분별심일 뿐입니다.

우리는 사람들을 대할 때 순수하게 다가서기보다는 온갖 편견의 색안경을 쓰고 다가서게 마련입니다.

인간의 가치를 출신 성분이나 사회적 신분, 재산의 유무, 학력의 고저 등에 의해 판단하고 있는 현실 말입니다.

그러나 본래 태어나면서부터 못나고 잘난 것이 어디 있을 수 있으며, 청정하고 더러운 사람이 어떻게 나뉘어질 수 있겠습니까?

모두가 공의 바탕, 연기법의 바탕에서는 스스로 존귀한 존재인 것입니다.

본래 더럽다거나 청정한 것은 있을 수 없다는 이 사상이야말로 영원하고 절대적인 인간 청정성의 회복이며, 인간 무죄의 엄숙한 선언인 것입니다.

존재의 본성, 인간의 본성, '참나'는 더러워질래야 더러워질 수 없는 절대 청정한 것입니다.

다만 현실에서 행위를 어떻게 하며 살아가느냐에 따라 인연가합(因緣加合)으로 잠시 동안 귀천이 생기는 것입니다.

그 또한 우리들이 신기루와 같고, 환영과 같은 인연가합의 존재에 집착하여 고정짓고 모양을 짓기 때문에 생겨나는 어리석은 분별심의 결과인 것입니다.

구정, 생멸, 장단, 미추, 고저, 증감, 선악이 모든 양 극단의 관념이란, 잠시 인연 따라 생겨난 가합상에 불과합니다.

이것들은 꿈과 같아, 제각각 무아(無我)이며 무상(無常)한 속에 우리들이 생명을 불어넣고 모양을 지어 분별심을 일으키고 고정화시키게 되니, 그때부터 극단에서부터 오는 괴로움이 시작되는 것입니다.

모든 양 극단의 분별을 놓아버리게 되면 그 어디에도 집착하지 않는 맑고 고요한 정견(正見)의 시야가 생기게 될 것입니다.

본래 맑고 청정하여 어디에도 걸림이 없고 집착이 없는 절대 청정 부처님의 맑은 땅, 정토가 내 앞에 열리게 될 것입니다.

부처님께서는 숫타니파타에서 다음과 같이 설하고 계십니다.

출생에 의해 천한 사람이 되는 것이 아니고, 출생에 의해 바라문이 되는 것도 아니다.

그 행위에 의해서 천한 사람이 되고 바라문도 되는 것입니다.

진짜로
사랑한다면……

누군가를 향한 마음을 털어내 버리려면 어떡해야 합니까?

이룰 수 없는데 보고 싶고, 그립고, 외롭고, 너무 괴롭습니다.

어차피 불가능한 일인데 이제 그만 툴툴 털어내고 편해지고 싶습니다.

그런데 되돌려 놓으려고 해도 쉽게 되지를 않습니다.

자꾸 집착하게 됩니다.

어떻게 해서든 이루어지게 할 수 없을까 하고 자꾸 집착을 하게 됩니다.

어떤 마음으로 어떻게 놓아야 할까요?

우리가 살아가면서 누구를 좋다고 하고 싫다고 하는 게 그냥 생기는 감정이 아닙니다.

수많은 생을 살아오면서 엮어온 그 인연줄에 의해서, 그 인연에 따라 형성된 업식에 의해서 생기는 감정들입니다.

그 관습에 매달려서, 그 인연줄에 매달려서 생각들이 꼼짝을 못 하고 있다가 적당한 때가 되어 그 대상을 만나게 되면 눈에 불이 번쩍 나게 되는 겁니다.

그 업식때문인 걸 모르고서 그것이 사랑이라는 이름으로, 원수라

16

는 이름으로 포장되어 좋은 놈 싫은 놈 하고 스스로가 얽어매고 있는 겁니다.

만약에 부부, 자식지간이라 할지라도 그 자식들의 몸을 붙들지 말고, 부부의 몸을 붙들고 매달리지 말고, 그 마음을 둘 아니게 놓고 슬기롭게 굴린다면 몸은 저절로 붙들어지고, 사랑은 저절로 화(化)해서 자비가 되고, 그렇게 더불어 하나로 돌아갈 수 있는 그런 묘법이 누구한테나 주어져 있다는 사실을 알아야 합니다.

그래서 '진짜 사랑을 하거든 놔줘라.
부부지간에도 싫다고 하는 사람이 있는데 진짜 사랑한다면 보내줘라.
붙들고 있는 게 사랑이 아니다.'

그리고 진짜로 사랑한다면 그 사람의 육신을 붙들고 함께 해서만이 사랑이 아니라, 그 사람이 마음으로부터 자유스러워질 수 있게 이끌어 주는 것이 진정한 사랑이라고 이야기하는 겁니다.

좋아하는 마음도 싫어하는 마음도 알고 보면 근본에서 나온 환상에 불과한 것입니다.
그래서 좋다 나쁘다 하고 분별하는 생각을 그 자리에 되돌려 놓아야만 합니다.
나쁜 인(因)뿐만 아니라 좋은 인도 놓으라고 했는데 내 곁에, 내 소유로 하려고 하는 마음은 더욱 가당치도 않지요.

그러니 상대방이 좋은 인연을 만나서 정말 후회없는 삶을 살 수 있도록 크게 한 생각을 내줄 수 있는 마음이 바로 사랑을 넘어선 자비임을 알고 그 고통에서 벗어나기 바랍니다.

크게 죽어야
크게 얻을 수 있습니다

누구나 죽음에 대해 한 번쯤 생각해 보지 않으신 분이 없을 줄로 압니다.

죽고 싶으리만치 괴로워서든, 아니면 다른 이의 죽음을 보고서든, 우리의 앞에 명명백백하게 다가올 수밖에 없는 '죽음' 이란 명제에 대해 나름대로 깊은 명상을 해 보았을 것입니다.

죽음이라는 것은 우리가 생각하는 그런 '괴로움' 의 대명사인 것만은 아닙니다.

인연 따라 잠시 나타났다가 인연이 다하면 다시 껍데기를 갈아입 듯, 헌옷이 많이 해어지고 나면 당연히 새 옷으로 갈아입듯, 그렇게 아름다운 것이며 자연스러운 것입니다.

'크게 죽어야 크게 얻을 수 있다' 라는 말이며, '나를 죽여야 나를 보리라' 는 말은 흔히 들을 수 있는 조사스님들의 말씀입니다.

이 깊은 의미를 한 번쯤은 되새겨 보고 또 그 의미를 실천해 볼 수 있어야 합니다.

한 번 크게 죽어 볼 수 있어야 '참나' 와 마주할 수 있게 됩니다.

물론 요즘 자살 사이트에서나 이야기하는 흔한 자살이나 값싼 죽음을 의미하는 것은 아니라는 것을 잘 아실 것입니다.

한 번 죽어야 한다는 말은 '나다' 하는 아상(我相)을 죽여 없애야 한다는 말입니다.

내가 있다는 생각이 일체 모든 괴로움의 시발점이 되는 것입니다.

허공에 집을 지을 수 없듯 본래 우리의 마음자리는 텅 빈 공(空)의 자리라 어느 하나를 내세울 수 없는 자리이건만, 우리가 '나다' 하고 상(相)을 만들어 놓으니 그 때문에 괴로움이 붙을 자리를 만들어 놓는 꼴이 됩니다.

허공 같은 마음에는 괴로움이 한 치도 붙을 자리가 없습니다.

나를 죽이는 수행의 과정은 괴로움이 붙을 자리를 한 치도 만들어 두지 않아 괴로움이 발붙일 틈이 없도록 '나'를 없애고 텅 비우는 작업입니다.

내가 허공(空)이 되면 괴로움은 이미 설 자리를 잃게 됩니다.

나를 죽이되, 칼로 찔러 죽이는 것이 아니라 마음으로 실감나게 죽여 보는 것입니다.

지금 우리가 생각하는 '나'라는 것 또한 마음으로 '나다' 하고 관념지어 놓은 생각이므로 마음으로 놓아 가는 것입니다.

육신의 '나'뿐만 아니라 일체의 모든 관념을 다 놓아 버려야 합니다.

'나다'라고 하는 육신의 착심은 물론이고, '내가 옳다'고 하는 관념, 사상, 생각들 또한 버려야 할 '내 생각'이란 아상이며, '내 것이다'고 하는 물질적 소유의 관념 또한 놓고 버려 완전히 죽여야 할 대상입니다.

이렇게 '나'를 죽이는 명상을 통해 우리는 나에 대한 집착, 즉 몸뚱이 착심이며, 정신적 아상인 '내가 옳다'는 고정관념의 아집과 물질적 아상인 '내 것이다'고 하는 소유욕 등에서 자유로워 질 수 있으며, 아집의 소멸은 이어 온갖 내 앞에 다가오는 경계에 대한 집착(法執)을 맑게 비울 수 있게 만들어 줍니다.

이렇듯 일체제법(一切諸法)이 무자성이며, 연기공(緣起空)임을 확연하게 하여 줍니다. 나와 내 앞에 다가오는 온갖 경계에 집착하지 않고 고요하고 맑은 정견(正見)의 시야로 세상을 바라볼 수 있다면 우리의 삶은 허공과도 같이 자유롭고 허허로워질 것입니다.

그 어떤 태산같이 큰 경계가 앞길을 가로막을지라도 내가 죽어 없어진 허공같은 '전체아'의 수행자를 털끝하나 움직일 수 없습니다.

부처님 당시의 제자들은 무아(無我)를 깨치는, 나를 죽이는 명상으로 강가의 화장터를 찾아 썩어가는 시체를 앞에 두고 명상을 했다고 합니다.

이렇게 죽은 시체의 썩어가는 모습을 봄으로써 자신의 모습이 저렇게 죽어 썩어가는 모습을 보는 것입니다.

이를 백골관법이라고도 하는데, 이는 요즈음에도 남방불교 국가에서는 자주 실천되고 있는 수행방법이기도 합니다.

무상과 무아를 그리고 무집착을 공부할 수 있도록 하는 공부재료인 것입니다.

또한 선방에는 흉측한 미라가 앉아 함께 참선을 하고 있다고 하는데, 피부와 모발도 변화시키지 않고 그대로 사람의 형상으로 두었다고 합니다.

이는 그 방에서 함께 참선하던 스님인데 얼마 전 병으로 죽은 후 수행자를 경책키 위해 그대로 두었다는 것입니다.

무아를 깨치기 위해 이와 같이 치열하게 공부하는 것입니다.

불교를 한마디로 무아법(無我法)이라고 합니다.

이 말을 돌려 실천적으로 바라본다면 '나를 죽이는 공부'라고 할 수 있습니다.

이와 같이 명상하여 온전히 나를 죽였을 때, 나의 육신과 그간의 살아온 온갖 업습(業習)이며 생각, 관념들을 모두 비우고 놓아 버렸을 때, 돌이켜 일체를(마음으로) 죽이고도 남아 있는 그 본래자리를 보는 것입니다.

그 곳에서 성성하게 깨어있는 '참나'의 본래 면목을 보는 것입니다.

견성(見性)해 보는 것입니다.

열린 마음이
뭡니까

수행에 있어 가장 중요한 것은 마음을 청정히 하는 것입니다.

다시 말하면 마음을 닦는 것이지요.

그렇다면 마음을 청정히 닦는 것은 무엇을 의미하는 것일까요?

바로 마음 가운데 '상(相)'을 짓지 않는 것을 의미합니다.

'상'이란 마음 가운데 고정된 관념을 의미합니다.

그 가운데 '나다', '내가 옳다', '내 것이다'라고 하는 아상이 그 근본이 됩니다.

지금까지 살아오며 배우고 익힌 모든 관습, 습관, 사고 등 이 모든 것들에 대한 내 나름의 '틀'을 말합니다.

이 상 때문에 우리는 많은 왜곡된 생각을 가지게 됩니다.

현실에 대해서 있는 그대로 보고 판단하지 않고 이전에 내가 가지고 있던 고정된 관념의 틀에 대입하여 사물을 판단하기 쉽고 그러다 보면 편협하고 이기적인 결론에 이르기 쉽습니다.

'상'을 비운 가운데 본래 우리 모두가 가지고 있던 본래의 청정한 마음이 환히 드러나게 됩니다.

사람들에 대한 고정관념, 친구들에 대한 고정된 상을 가지고 있는 우리들은 그 사람 자체로 사람을 대하기보다는 그 사람의 지난 행위로 인해 착한 사람으로, 나쁜 사람으로, 사람을 대하기 쉽습니다.

이 세상에 나쁜 사람이 되어보지 않았던 사람이 어디 있겠습니까.

순수한 마음이란 상을 버리고 있는 그대로의 모습 그 자체를 볼 줄 아는 마음입니다.

내 주변의 사람을 대할 때 혹시 '저 사람은 이러이러하다' 라는 선입견으로 그를 바라보지는 않았습니까.

지금 이 순간 가지고 있는 모든 고정관념을 버리시길 진심으로 바랍니다.

그 역시도 내 가족이며, 형제이며, 도반입니다.

이전에 가지고 있던 나쁜 상에 빠져서는 안 됩니다.

순수하고 청정한 마음으로 사물을 있는 그대로 바라보십시오.

상대방의 악을 보게 될 때는 '이게 바로 내 마음에 악이구나' 하고 올바로 아셔야 합니다.

내 마음 가운데 '상' 이라는 장벽이 있다면 무조건 상대방만 탓하게 됩니다.

나와 너를 가르는 아상(我相) 때문입니다.

나를 버리십시오.

갖가지 상과 편견을 버리십시오.

그 가운데 밝은 마음이 드러나 우리를 밝게 이끌어 줄 것입니다.

순수하고 청정한 마음은 일체를 향한 열린 마음 그 자체입니다.

내 잣대를 가지고 판단하는 것이 아니라 일체 모든 사람을, 모든 것들을 받아들일 수 있는 열린 마음인 것입니다.

열린 마음은 우리의 마음을 편하고 고요하게 해 줍니다.

그것이 바로 걸림없이 사는 마음이기 때문이지요.

환경에, 조건에, 상황에 얽매여서는 안 됩니다.

그 어떤 상(相)도 비워낼 줄 알아야 진정으로 모든 것을 받아들일 수 있습니다.

모든 것을 청정하고 순수하게 있는 그대로 받아들일 줄 안다면 마음은 맑은 가을 하늘처럼 청아해질 것입니다.

진리대로
산다는 말이란

진리대로 산다는 말은 변화하는 대로 변화를 받아들이며 산다는 말입니다.

변화를 받아들인다는 말은 집착하지 않는다는 말입니다.

집착하지 않고 있는 그대로 받아들이며 사는 것이 모든 불자들의 삶의 모습이 되어야 합니다.

내가 내 마음을 내가 알지 못할 때는 법당에 와서 부처님을 뵙고 있으면, 모든 것이 뜬구름 같고, 내가 왜 이렇게 살고 있는지 알듯알 듯하다가도 결국은 답을 얻지 못하곤 합니다.

참되게 살고, 남도 위하고, 남을 위한 것이 곧 나를 위한다는 마음으로 살아가야 하겠지만 생각뿐이고, 어느 때는 모든 것을 끝내고 조용히 혼자서 살아갈 수 있는 방법도 모색하지만 가정들이 있고 가정 속에서 아내와 자식이 있기 때문에 또 아니구나 하고 세파에 물들어 가곤 합니다.

어떻게 살아가는 것이 이 모두를 위하여 현명하다고 생각하십니까?

매사를 다 그 자리에 놓으라고 하니까 '그렇게 놓으면 난 어떻게 삽니까? 합니다.

주인공과 내가 따로따로 있는 것이 아닙니다.

근본이란 항상 주인공과 내가 함께 한다는 것을 알아야 합니다.

그런데 내 몸뚱이가 산다고만 한다면 주인공의 지혜가 나오지를 않습니다.

그래서 모든 일을 일체 주인공 자리에 놓고, 맡기는 작업을 한다면 그게 바로 함이 없이 하는 것이 된다고 항상 말씀드리는 겁니다.

그걸 반야심경에서는 색이 공이요, 공이 색이다 라고 한 겁니다.

사는 거나 죽는 거나, 하는 거나 보는 거나, 말하는 거나 행동하는 거나 일일이 작용하는 것이 전부 그 하나에서 나오는 겁니다.

그 작용이 둘에서 나오는 게 아니라 나 하나에서 나오기 때문에, 내가 이 세상에 있으니까 이 모든 것이 생겨났으므로 나로부터 알아야 합니다, 나부터 믿어야 합니다, 나부터 발견해야 합니다.

발견했으면 그 작용이 바로 나한테서 나오는 거고, 그 작용이 나한테서 나온다면 일체가 다 주인공에서 나오는 거고, 이 몸뚱이는 주인공의 시자일 뿐이라는 말씀입니다.

그래서 그렇게만 할 수 있다면 나한테 닥치는 어떠한 것도 문제가 되지 않습니다.

내 마음의 근본인 나의 주인을 믿고, 주인의 뜻에 따라서 하는 것이 그대로 법 아닙니까?

주인의 생각이 따로 있고, 내 생각이 따로 있다고 생각하지 마십시오.

오직 내 근본과 둘 아니게 자문자답하면서 하루하루를 보내신다면 외롭지도 않고 허전하지도 않을 겁니다.

하고 싶은 일을 하지 않는 것이 놓는 것이 아닙니다.

놓는다는 것은 그것을 더 지혜롭고 풍부하게, 나와 남이 다 좋도록 이끌어 가는 길입니다.

그러니 정말로 놓으세요.

개별적인 나를 내세우는 마음이 있으면 있을수록 근본과는 멀어집니다.

소유를 줄이는 것, 작은 것에도 만족할 줄 아는 것, 자발적으로 가난해 지는 것, 욕심과 집착을 줄여 나가는 것, 그런 삶이 아마도 유일한 대안이 아닐까 싶습니다.

신농씨와
황제의 법칙

장자가 산속을 가다가 가지와 잎이 무성한 큰 나무를 보았습니다.

나무꾼이 그 옆에 있으면서도 나무를 베지 않는 것을 보고, 그 까닭을 물으니 쓸모가 없다는 것이었습니다.

그러자 장자가 말하기를, "이 나무는 쓸모가 없었기 때문에 천수를 다하는 것이다." 장자가 산에서 내려와 친구의 집에 머물 게 되었는데, 친구는 기뻐하면서 하인에게 일러 거위를 잡아 요리하라고 했습니다.

하인이 물었습니다.

"그 중 한 놈이 잘 울고 한 놈은 울 줄 모르는데 어느 놈을 잡을까요?"

주인이 말하였습니다.

"울 줄 모르는 놈을 잡아라."

그 다음날 제자가 장자에게 물었습니다.

"어제 산속의 나무는 제목감이 못 되어서 천수를 다했는데, 오늘이 집 거위는 쓸모가 없어 죽었습니다. 선생님께서는 어떻게 처신하시려는지요?"

장자가 웃으며 말했습니다.

"나는 재목이 되고 재목이 되지 않는 것의 중간에 처신하겠다. 그러나 재목이 되고 재목이 되지 않는 것의 중간이란 것은, 도와 비슷하기는 하나 참된 도는 아니므로 화를 면할 수 없을 것이니라.

자연의 도와 덕을 타고 유유히 떠다니는 자라면 그렇지 않을 것이다.

칭찬도 없고 비방도 없으며 한번은 용이 되었다가 한번은 뱀이 되었다가 시간과 더불어 변화하면서 한 곳에 집착하지 않고 오르락내리락 하면서 조화로움을 자신의 법도로 삼을 것이다.

만물의 근원에서 노닐게 하여 사물을 사물로서 부리되 외물에 의해 사물로서의 부림을 받지 않을 것이니 어찌 재난 같은 게 있을 수 있겠느냐?

이것이 바로 신농씨와 황제의 법칙인 것이다.

그러나 만물의 실체나 인간 세상의 이치는 그렇지 않아서, 모이면 흩어지고, 이루면 무너지고, 모가 나면 깎이고, 높아지면 비난받고, 무언가 해놓으면 훼손당하고, 어질면 모함을 받고, 어리석으면 속임을 당한다.

그러니 어떻게 재난을 면할 수 있겠느냐?

슬프도다! 너희들은 명심할지니, 자연의 도와 덕이 행하여지는 곳에서만 재난을 면할 수 있을 것이니라."

배로 강을 건널 때 빈 배가 와서 자기가 탄 배에 부딪히면 아무리 마음이 나쁜 사람이라도 성을 내지 않을 것입니다.

그러나 한 사람이라도 그 배에 타고 있다면 소리 질러 비켜나라고 할 것입니다.

한 번 소리쳐서 듣지 못하면 두 번 소리치고, 그래도 듣지 못하면 계속 소리치다가 결국에는 욕설이 나올 것입니다.

앞서는 화내지 않다가 지금은 성내는 것은 먼젓번은 빈 배였지만 이번에는 사람이 타고 있기 때문입니다.

마찬가지로 자신을 텅 비우고 세상을 살 수 있다면 누가 그를 해칠 수 있겠습니까?

가장
아름다운 것

천상 세계인 도리천에서 인간 세상을 바라다본 제석천왕이 한 신하에게 명했습니다.

"그대는 인간 세상에 내려가 가장 순결하고 아름다운 것 하나를 가져오도록 하여라. 오직 하나면 되느니라."

신하는 즉시 인간 세상으로 내려가 가장 아름다운 것 하나를 찾아 헤매었고 마침내 그 아름다운 것 중 3가지를 고르게 되었습니다.

그 3가지 중 하나는 꽃이었습니다.

그 누가 보아주거나 외면하거나에 상관없이 때가되면 활짝 피어 많은 사람들의 마음을 즐겁게 해주고 마음을 밝게 해주는 그 꽃이 그렇게 아름다울 수가 없었습니다.

다른 하나는 아기였습니다.

누구를 속일 마음도 해칠 마음도 없는 아기, 티없이 맑은 눈망울에 천진스럽기 그지없는 아기의 해맑은 웃음이 신하의 마음을 사로잡았지요.

세 번째는 어머니였습니다.

우는 아이에게 젖을 물려주는 어머니, 똥오줌이 묻은 기저귀를 갈아주는 어머니, 잠을 재우기 위해 아기의 등을 두드려 주는 어머니의 얼굴에는 언제나 자비심과 모성애가 넘쳐흘렀고, 그와 같은 어머니가 참으로 아름답게 느껴졌던 것입니다.

제석천왕께서 가장 아름다운 것 하나만을 가져오라고 하셨는데 꽃과 아기와 어머니의 아름다움은 하나 같이 나를 감동하게 하니 과연 어느 것을 택하고 어느 것을 버릴 것인가?

선택의 고민 끝에 결정을 하지 못한 신하는 제석천왕의 호된 질책을 각오하며 이 3가지 모두를 가지고 도리천으로 올라갔습니다.

뜻밖에도 제석천왕은 아주 유연하게 웃으실 뿐 꾸지람도 별말씀도 없었습니다.

얼마의 세월이 흘렀고 신하는 인간 세상에서 가장 아름다운 것이 무엇인지를 저절로 알게 되었지요.

언제나 활짝 피어 있을 줄 알았던 꽃은 시들고 티없기만 할 줄 알았던 아기가 자라 마음이 변하나 아기 곁에서 젖을 먹이며 미소짓는 어머니의 사랑은 언제나 한결 같은 것입니다.

이 이야기가 깨우쳐 주는 것은 이 세상에서 가장 아름다운 것은 부모님의 사랑입니다.

부모님의 사랑은 조건도 바람도 없습니다.

마냥 베풀고 또 베풀기만 하는 무조건적인 사랑이다.

이 세상에서 이것 이상 아름다운 것은 없습니다.

그런데도 그 아름다운 것을 잊고 살고 있지요.

부모님의 간섭이 나를 부자연스럽게 만든다면서 나를 낳아 주었기에 사랑하는 것도 당연한 것입니다.

이렇게 생각하는 사람들이 있습니다.

이 때문에 부모 또한 순간적으로 힘들어 하고 때로는 자식을 탓하기도 하지만 부모는 언제나 한결같이 자식에게 지고만 삽니다.

힘이 없어지는 것이 아니라 사랑하기 때문에 용서하고 이해하고 저주는 것입니다.

부처님께서도 부모님의 은혜로움이 크다는 말씀을 부모은중경에 말씀하셨습니다.

〈내 너희에게 먼저 묻겠노라.
저 넓은 바다의 물을 잔으로 뜬다고 하자
너희는 몇 잔이라고 답할 수 있겠느냐?
답할 수 없나이다.
저 넓은 대지를 삽으로 뜰 때
너희는 과연 몇 삽이라고 답할 수 있겠느냐?
답할 수 없나이다.
저 넓은 허공 또한 어떠한가?
자로 재어 몇 자라고 말할 수 있겠느냐?
답할 수 없나이다.
선남자 선여인들아
부모님의 은혜도 그와 같아서
가히 입으로 다 말할 수 없고 글로써
능히 표현할 수 없느니라.
세상의 죄목이 3000가지가 넘는다고 하나
불효보다 큰 죄가 없고
공덕이 8만 4000가지가 넘는다 하나
부모님께 효도 봉양하는 것보다

더 큰 공덕은 없느니라.〉

참으로 부모님의 크신 사랑은 그 무엇과도 비교할 수가 없다고 하셨습니다.
그러나 우리는 가장 소중한 것을 잃어버리고 살고 있습니다.
오늘이라도 무엇 때문에 사는 것인지 가장 소중한 것이 무엇인지를 깨달아야 할 것입니다.

인생의 법칙과
우주의 법칙

인간에게는 인생의 법칙인 연기(緣起)가 있고, 우주에는 우주의 법칙인 자연(自然)만이 있습니다.

연기란, 이것이 있을 때 저것이 있게 되는 이치(理致)이고, 자연(自然)이란 스스로 그렇게 되어 가는 이치인 것입니다.

이것이 법(法)입니다.

즉, 진리(眞理)라는 것이지요.

그 원리(原理) 또는 진리(眞理) 속에서 인간적(내적)인 정신과 육신이 연기에 의해 다양한 인생, 삶, 운명을 이루어 가는 것입니다.

그 외의 창조자(創造者), 조물주(造物主), 신(神), 불(佛) 등은 없습니다.

따로 존재하지 않습니다.

단지 열반(涅槃)과 연기(緣起)의 개념만이 석가모니의 독특한 법입니다.

여기서 연기의 법을 생각해 본다면 석가모니의 깨달음의 법이라는 것은 인과(因果)의 이치, 즉 연기법(緣起法)으로써 지어서 받는 이치밖에 없습니다.

업 지은 만큼 과보(果保) 받는 것을 말합니다.

연기법은 항상 존재하는 법이며 말은 간단하지만 우주의 모든 이

치의 원리를 다 담고 있는 말임을 알아야 합니다.

　업에는 악업(惡業)이나 선업(善業)이나 따로 기준이 없습니다.
　인간이 그 기준을 스스로 만든 것 일뿐입니다.
　악업이든 선업이든 모두 다 업입니다.
　진리(眞理)를 전체적으로 볼 때 나쁜 일도 좋은 일도 다르게 있지 않습니다.
　좋다고 해서 많이 해도 결과적으로 나쁜 것이 되는 경우도 많지 않습니까.
　부처님은 생(生) 자체가 괴로움이라 하셨습니다.
　無明(무명), 行(행), 識(식), 名色(명색), 六入(육입), 觸(촉), 受(수), 愛(애), 取(취), 有(유), 生(생), 老死(노사)의 12연기에서 태어나서 늙고 죽는 것이 무슨 이유냐 하면 어두움(무명)에서부터 나온다는 것입니다.

　무명에 의해서 태어나고 늙고 죽는 것이 있다는 것입니다.
　무명이라는 것은 어둡다는 것이며 괴로운 것입니다.
　밝고 편안함은 생사(生死)가 없습니다.
　어둡기 때문에 괴롭고 죽음이 있는 것입니다.
　살아가는 것이 다 고통이라는 것입니다.
　후회만 남게 됩니다.
　죽는데도 괴롭기가 이루 말할 수가 없습니다.
　죽을 때는 태어나는 그때로 돌아갑니다.
　우주 속으로 돌아가는 것이지요.

숨이 안 쉬어져야 죽는 것인데, 그러니 얼마나 괴롭겠습니까.

태어나서 늙고 죽는 것이 다 괴로움인 것입니다.

괴로움은 다른 말로 하면 업이라 합니다.

인간은 부모로부터 태어나기 이전부터 업을 짓습니다.

그러나 이것을 전생이라 착각하지 말라 이겁니다.

부처님은 그 육신이 최소한의 업을 짓도록 노력하며 사셨습니다.

업(괴로움)은 인간의 삶 자체가 됩니다.

인간의 삶은 그 형태가 여러 종교의 형태처럼 수많은 형태가 있지만, 그러나 그 근본은 두 가지 뿐입니다.

행복한 삶이냐, 불행한 삶이냐, 선한 삶이냐 악한 삶이냐, 천국의 삶이냐, 지옥의 삶이냐 하는 것입니다.

즉, 잘 산다 못 산다 하는 것뿐이지요.

그래서 인간은 본능적으로 행복하게 잘 살기 위해 종교를 만든 것입니다.

구제 받는다, 구원 받는다, 해탈한다, 열반을 얻는다, 깨닫고자 한다는 등의 말들은 다 인생을 잘 살기 위해 하는 짓입니다.

결국은 지옥이나 천국이나 극락이라는 내세의 세계도 그것이 있든 없든 간에, 인간의 이러한 노력의 결과인 것입니다.

따라서 어찌되었던 간에 태어났으면 잘 살아야 하는 것이지요.

인간이 잘 살기 위해서는, 즉 마음먹은 대로 살기 위해서는 우주적(외적)인 에너지와 물질과 인간 자신(내적)의 정신과 육신이 서로 맑게 교류할 수 있어야 합니다.

그러한 방법들을 인간들은 종교나 요가, 기공 등의 수련을 통해 나름대로 경험하고 개발해 왔던 것입니다.

그러나 인간의 다양성으로 인해 이 세상에는 결코 하나의 통일된 종교나 수련법이 있을 수 없습니다.

체질이 있어서 그 체질에 맞는 음식을 먹으면 보다 쉽게 건강하게 살 수 있다고 하는 것처럼, 각자의 특성(근기)에 맞는 방법을 선택해서 닦아갑니다.

어떻든 인간이 행복하게 잘살기 위해서는 인간의 삶이 맑아져가야 하는 것입니다.

그렇게 하는 것은 존재하는 우주와 인간의 법대로 살아가는 것이지요.

인간에게 있어서 법대로 산다, 법을 지킨다, 또는 진리(眞理)와 함께 한다는 것, 맑게 살아간다는 것은 그 삶의 형태가 생각이나 행동이 물이 흐르는 것처럼 변하지 않고 끊임이 없을 때인 것입니다.

물은 맑을 때나 더러운 오물에 오염되었을 때나 끊임없이 흐를 때는 물이 되고, 결국은 정화되어 맑고 순수한 물이 되지만 그 흐름이 멈추어 고여 있게 되면 썩게 되고 맙니다.

인간의 생각과 행동 또한 이와 같지요.

아니 모든 우주 자연 현상이 다 이와 다름이 없습니다.

따라서 인간의 행복을 위해 또는 잘 살기 위해 육신과 정신을 맑게 유지시키도록 끊임없이 꾸준히 지키면서 살기 위해서는 필연적으로 물질적인(육체적인) 닦음(흐름)과 정신적인 닦음이 필요한 것입니다.

끊임없이 닦아 빛을 나게 합시다.

무엇이든 닦으면 빛나니까 기와장도 닦고 닦으면 반질반질한 검은 빛이 납니다.

빛은 여기 있으나 저기 있으나 항상 동일하고 하나인 것임을 명심하십시오.

놓으라는 것도
이름입니다

참으로 복잡하고 말 많고 탈 많은 세상입니다.

그런 세상을 살아가면서 일일이 사량 분별로 네가 옳으니 내가 옳으니 하고 사신다면 어느 천 년에 나를 밝히고 불법의 맛을 알게 되겠습니까.

부처님께서 사성제를 말씀하신 것은 고에서 벗어나 자유인이 되라고 하신 것입니다.

내가 죽고 또 죽는 한마음의 인생살이에는 고(苦)가 없습니다.

고는 사라집니다. 결과에 무심한 것을 놓는 것이라고들 하는데 그것도 아닙니다.

놓는다는 것은 죽든지 살든지 그야말로 생사까지도 다 놓으라는 것입니다.

잘되는 것, 못되는 것 가리지 않고 맡기라는 것입니다.

살아있으니 숨 쉴 것이고 먹을 것이고 움직일 것 아닙니까?

우리가 걸어가는데 한발자국 떼었으니 또 한발자국 떼어 놓아야지 하면서 걷는 것은 아니지요?

그냥 자동 아닙니까?

놓고 가는 것도 그와 같습니다.

그러니 사량으로 이럴까 저럴까 따지지 말고 잘났든 못났든 나를 끌고 다니는 주인공을 믿고 놓으라는 것입니다

그래야 이 세상을 살면서 마음법으로써 나도 건지고 일체도 구할 수 있지 않겠습니까?

어떤 분은 내게 '스님 다 놓아버린다면 어떻게 삽니까?' 하고 묻습니다.

그러면 저는 반문합니다.

'왜 놓는다면서 그 놓는다는 생각을 붙들고 계십니까?'

'그 놓는다는 생각까지도 놓을 수 없습니까' 하고 말합니다.

놓아야 한다는 생각에 사로잡혀 있는 한은 놓는 게 아니지요.

실은 들고 있다, 놓고 간다도 없습니다.

그냥 한 생각 일어났다가 사라지면 그뿐인데 그걸 기억하고, 그 생각에 걸려서 옴짝달싹을 못하니까 놓으라고 하는 것입니다.

알고 보면 그냥 놓고 가면서도 얽매여 있으니 한 생각 툴툴 털고 돌리라는 뜻입니다.

예전에 어떤 선사께서 부처님 나오심이 평지에 풍파를 일으킴이라고 하셨고, 또 어떤 분은 그냥 죽어서 개에게나 던져 주리라 하셨다는데, 찰나찰나 돌아가고 있는 이 생활이 그냥 놓고 감인데, 거기에 이렇다 저렇다 이리 걸리고 저리 불편해지고 하는 것을 말함입니다.

그러니까 지금 우리가 살아가는 찰나찰나의 생활이 실은 그대로 놓고가는 삶입니다.

그런데 그걸 붙잡으려 하니까, 놓으라고 하는 것입니다.

놓으라는 것도 이름입니다.
붙든다는 것도 없고 놓는다는 것도 없습니다.
그냥 발걸음 그대로이면 굳이 놓는다고 할 것도 없습니다.
그렇지를 못하니까 놓으라고 하는 것입니다.
언제나 여여하면 됩니다.
지난 것은 다 털어버리고 새로움을 맞는 동짓날입니다.
좋든 싫든 모든 것들을 다 놓고 가는 날입니다.

한 마음 내면
없는 것이 없습니다

우린 너무도 필요하지 않은 것들을 많이도 쌓아 두고 삽니다.

집안을 가만히 살펴보십시오.

우리 주변에는 필요하지 않은 것들이 너무 많이 널려 있습니다.

필요하지는 않더라도 가지고는 있어야 마음 편한 줄로 압니다.

그야말로 '남 주자니 아깝고 내겐 필요하지 않은' 그런 물건이 얼마나 많습니까.

아까운 마음이 내 복을 모두 빼앗아 갑니다.

내게 필요하지 않은 것은 절대 쌓아 둘 필요가 없습니다.

누군가 필요한 사람에게 널리 베푼다면 언젠가 다시 필요할 때 분명 다시 생기게 될 것입니다.

베푼다는 것은 소비생활이 아닌 엄청난 저축 습관인 것입니다.

이 넓은 법계에 이 우주에 통째로 저축을 하는 것입니다.

언제든지 필요할 때 한 마음 내어 가져다 쓸 수 있도록 베풀었을 때 부자가 되는 도리를 우린 너무도 알지 못합니다.

'아깝다' 하는 그 마음이 바로 아상(我相)입니다.

바로 그놈, '아상'과의 싸움이 바로 수행입니다.

언제나 베푸는 마음으로 살아가는 이는 당장에는 부족한 듯 보여도 그 사람은 세상을 한 마음에 품고 살아갑니다.

　한 마음 속에 세상 모든 것을 소유하며 살아갑니다.
　이런 사람의 복 그릇은 참으로 한량없습니다.
　이런 복을 일러 '무량대복(無量大福)'이라고 합니다.
　셀 수 없이 무량한 복이란 말입니다.
　이런 사람은 당장은 필요한 물건만 있으니 다른 이들이 보기에는
행여 가난해 보일 지 모를 일입니다.
　그러나,
　이 사람은 모든 소유의 관념을 깨고 살기에 온 천지가 내 것 아닌
것이 없습니다.
　마음먹은 대로 모든 것이 '나의 것'으로 화해 줍니다.
　돈이 필요하면 돈으로, 물건이 필요하면 물건으로, 인연이 필요하
면 소중한 인연으로, 그렇듯 마음먹은 대로 모든 것이 생겨나게 됩
니다.
　그 큰 한 마음에는 어떤 것도 당해 낼 재간이 없습니다.
　법계의 모든 돈 또한 그의 한 마음에 움직이기 때문입니다.

　한 마음 내면 없는 것이 없습니다.
　정말 필요한 것이 있다면 텅 비어 오히려 충만한 그 한 마음 속에
모든 것을 넣어두기만 하면 법계 어디에선가 생기게 되어 있습니다.
　그것이 법계의 이치입니다.
　좁은 소견으로는 인과의 굴레를 벗어날 수 없습니다.

자꾸만 아상을 거스르는 '베풂'의 습관을 길러야 인과를 훌쩍 뛰어 넘을 수 있는 것입니다.

이와 같이 다른 이를 위한 베풂에는 아무리 큰 것일지라도 텅 빈 마음으로 내어 줄 줄 알아야 하지만 자신을 위한 것들에는 작은 것이라도 아껴쓰고 낭비하지 말아야 합니다.

일상 속에서 늘 아끼고 소중하게 여기는 마음, 이것 또한 참으로 커다란 복전이 됩니다.

마음 가운데 세상을 소유하고 마음먹은 대로 언제든지 끄집어내어 쓸 수 있는 진정 세상을 소유하는 사람이 되십시요.

밖으로 찾으면
벌써 둘이 되는 겁니다

　지금 어렵고 고통스러운 이유는 과거에 남을 못살게 했기 때문에 그렇다는 점을 알아야 하고, 또 내가 그렇게 못살게 만든 장본인이니 내 탓이고, 지금 내가 못살게 된 원인도 거기에 있으므로 부지런히 수행을 해서 그 모두를 녹여야만 벗어날 수 있음을 알아야 합니다.

　어느 것 하나도 그냥 생기는 것이 없습니다.

　모든 걸 간절하게 믿고 놓아야 없어집니다.

　그래야 조금도 에누리가 없고 조금도 허탕한 일이 없습니다.

　우리가 한 생각을 잘하면, 우리는 중생이 아니라 무한하고 영원한 힘과 생명을 지닌 부처인 것입니다.

　불자라면, 자부처는 바깥에 있는 게 아니라 마음 안에, 그 숱한 보살의 이름이 다 내 마음 안에 있다는 걸 꼭 아셔야 합니다.

　진정으로 해결할 일이 있으면, 자의로서 자기 근본인 주인공자리에 '당신밖에는 해결할 수가 없어' 하고 진실한 믿음으로 자기 안으로 관(觀)해야지 밖으로 구하고 찾아보아야 더 미혹해지기만 하니 그렇게 해서는 안 됩니다.

　죽든 살든 어차피 핀 "꽃"은 떨어질 것을, 그것을 웅크려 쥐고는 어떻게 될까봐 이러지도 못하고 저러지도 못하니 오히려 '고'가 생기는 겁니다.

　자기 근본을 믿고 놓고 지켜보세요!
　부모에게서 몸을 받았어도 내가 없다면 삼합이 한데 합쳐지지 않아서 태어나질 못할 것입니다.
　그리고 과거에 지은 대로 그것이 인연이 되어 뭉쳐진 것이 바로 우리들 몸속에 들어있는 의식들입니다.
　생명들, 모습들 말입니다.
　그래서 둘이 아닌 줄 알아야 과거와 현재를 알고, 자기가 온 곳이 어딘지 가는 곳이 어딘지 알 것이며, 지금 있는 자리가 어디인지 그것을 상세히 알 수 있다는 얘기입니다.

　생활에 지장이 있다고 해서 천차만별로 다가오는 대로 어찌 다 타파를 할 수 있겠습니까만
　마음으로 하는 작업은 돈이 드는 것도 아니기 때문에 자유스럽게 할 수 있다 이 소립니다.
　바깥으로 믿고 이름을 찾는 게 아니고 안으로 믿고 당신만이 해결할 수 있고, 당신만이 낫게 할 수 있고, 당신만이 이끌어 갈 수 있고, 당신만이 깨우치게 할 수 있고, 당신만이 물리가 터지게 할 수 있고, 당신만이 가정을 화목하게 할 수 있다고 믿어야 합니다.
　일거일동 자기가 움직이고 걸음 떼어놓는 것까지 오로지 주인공 뿌리에서 나오는 것임을 알고 믿어야 합니다.
　밖으로 찾으면 이건 벌써 둘이 되는 겁니다.

목마르면 직접 자기가 물을 떠서 마시라는 얘기입니다.

내가 자고 싶으면 그냥 자고, 먹고 싶으면 먹고 하는 것이지,

하늘이 열 쪽이 난다해도 바깥으로 ㄲ달려서는 어떤 것이든 해결을 할 수가 없습니다.

무무역무(無無亦無)

마음은 무엇일까요.

우리들에게 고통을 알게도 하고 행복을 느끼게도 하는 이 마음의 정체는 무엇일까요.

마음은 실체가 없습니다.

마음은 본래 공한 것입니다.

마음은 본래 희비애락이나 애착 따위에 물들지 않아서 청정하고 청정합니다.

마음에는 생멸이 없고, 마음에는 생각과 관념도 붙지 않습니다.

마음은 본래 해탈되어 있으며, 마음은 영원하다느니 무한하다는 말조차도 넘어서 있습니다.

마음의 그러한 본래 모습을 우리는 한마음이라고 부릅니다.

주관적으로 말할 때는 주인공이라고 합니다.

법우님들은 마음이 본래 걸림 없음을 알고 있습니다.

그리고 일체의 관념을 그 자리에 놓아서 지워나가야 합니다.

이것이 곧 우리들의 수행이며 하루하루의 삶인 것입니다.

그러니 극락과 지옥도 지금 이 순간의 내 마음 안에서 결정지어진다는 것을 아시고, 일체를 이끌어 가는 근본도 분명히 내 마음 안에 있다는 것을 믿고 살아가시기를 바랍니다.

일체가 마음에서 벌어지는 것이지 마음 이외에 다른 곳은 없기 때문입니다.

그러기에 꿈이다, 현실이다, 싸이버 가상공간 온라인이다 라는 말이 붙을 사이가 없이 공하게 돌아간다는 것을 알아야 합니다.

그러기 때문에 어떤 것이 주어지든 내 마음대로 넘어설 수가 있는 겁니다.

'無無亦無'(무무역무)라는 말을 들어보셨을 겁니다.

없고 없고 또 없다고 하는 뜻은, 뒷 발자국도 없고 앞 발자국도 없고, 현재 떼어놓는 발자국조차도 없다는 것입니다.

이거 할 때 나라고 할 수 없고 저거 할 때 나라고 할 수 없으니, 어느 것이나 무엇을 할 때 내가 한다고 하겠습니까?

그렇게 찰나찰나 바뀌어가는 것인데 지나간 발자국이 좋고, 감사한 것이라고 해서 그것을 붙잡고 있으려고 해서는 안 되지요.

마찬가지로, 앞으로 올 것을 미리 걱정하고 있을 필요도 없는 것입니다.

넌 뭘 하려고
그렇게 앉았느냐?

사람들은 참선을 한다고 하면서 몸을 조아리고 앉아 있습니다.

그런데 마음공부는 몸으로 수행하는 게 아니라 마음을 수련하는 공부입니다.

그렇다고 해서 다른데서 하는 걸 틀리다고 하는 게 아닙니다.

그런데 앉아서 좌선을 하는 걸 가르치는 것만이 부처님이 가르쳐 주신 뜻이 아닙니다.

몸으로 앉았다가 일어난다면 선은 끊어진다고 봅니다.

앉는 것도 아니요 서 있는 것도 아닙니다.

항상 앉아 있어야 된다고 하는데, 마조가 앉아서 좌선을 한다고 하니깐 회양선사는 기왓장을 갈았다고 하지 않습니까?

"왜 벽돌을 가시는 겁니까?"

"거울을 만들려 함이니라."

"벽돌을 간다고 거울이 되겠습니까."

"그렇구나." 그런데 "넌 뭘 하려고 그렇게 앉았느냐?" 했을 때에

"나는 부처가 되고자 앉았다"고 했습니다.

"그러면 너는 일어나지도 먹지도 누지도 말아야 선이 끊어지지 않지, 그렇게 앉았다 일어나면 선이 끊어지는데 어찌 그렇게 할 수

있겠느냐?" 하니 거기에서 고만 깨달았다고 했습니다.

그렇다면 우리가 지금 앉았다면 아주 일어나지 말아야죠. 그게 목석입니다.

부처님께서도 그렇게 해보시고 '아, 이것이 아니라 바로 마음수행이로구나.' 해서 힌두교에서 수행하는 방법도 일러주셨고, 그 후로는 마음의 수행을 중시하셨죠.

행주좌와 어묵동정이라고 했듯이

앉아서 하는 것은 좌선이요,

누워서 하는 것은 와선이요,

서서 하는 것은 입선이요,

일하면서 하는 것은 행선이다 이겁니다.

그러니 어떤 거 할 때에 참선이라고 할 수 있겠느냐 이 소리입니다.

모두 한데 합쳐서 참선이에요

그냥! 여유 있으면 앉기도 하고, 서서 명상도 하는 거고,

일하면서도 생각하는 것이 참선이고 누워서 생각하면 와선이니

평상시에 우리가 생활하는 자체가 참선입니다.

참선 아닌 게 없어요. 따로 내가 참선한다,

불교공부를 해야겠다하는데 절대 따로는 없습니다.

자기한테서 나오는 것을 모두 거기다가 났습니다.

그렇듯이 어떤 생각이 들더라도 그 생각이 나는 자리는 한자리니까, 그 자리에다 다 놔라 이겁니다.

우주가 시공을 초월해서 돌아가는 이 진리를, 하나로 묶여서 더불

어 같이 돌아가고, 같이 살고, 같이 말과 마음이 이어지고 이렇게 돌아가는 것을 바로 공덕이요 여래라고 합니다.

일을 할 때에 한사람이 하는 것도 있겠지만, 한사람이 하는 일들이 모여 사회가 됩니다.

문제가 생기면 거기에 관여가 된 사람들은 전부 모여야 해결이 됩니다.

모이지 않고 혼자 해결을 할 수가 없지요.

그래서 더불어 같이 모여서 공동 분담으로 해결을 할 수 있는 것이 바로 '주인공' 입니다.

우리가 공(空)해서 전체가 다 이어져서 돌아가니까, 내 주인을 근본으로 치고 내 마음의 주인으로 인해서 모두 부풀려져서 더불어 같이 돌아가는 그 자체를 주인공이라고 하는 겁니다.

마음속에서 나오는 것이 어디서 나오느냐 하면, 몸뚱이 속의 모든 중생들이 의식들을 꼭 그렇게 가지고 있으니까, 이 몸뚱이가 배라면 내 마음의 선장이 그 자생중생들을 다 태워 가지고 지금도 항해 중입니다.

배에 탄 중생들은 다 선장의 마음을 따르게끔 돼 있습니다.

즉, 말하자면 마음의 선장에 따라 질서 있게 행동과 작용을 하게 돼 있습니다.

그러니까 이 몸 안에서 의식들이 내 마음 채찍의 다스림에 따라 나가서 마음도 조절하는데, 나쁘게 조절하느냐, 평화스럽고 아주 좋게 해결사로서 조절을 하느냐 하는 것도 자기 마음에 달려 있다는 겁니다.

모든 것을 근본에
진실로 맡길 수 있어야 합니다

결혼 후에 기독교에서 남편 따라 불교로 개종하신 분이 친정에 가면 배신한 것처럼 죄송하고 마음이 찔린다고 상담해 왔습니다.

예를 들어 우리가 항상 차를 타고 다니는데, 버스로 비유하자면 시발점에서만 버스를 타는 게 아닙니다.

내가 탈 때 내리는 사람도 있고 내가 내릴 때 타는 사람도 있습니다.

그것을 어떻게 생각하십니까?

동시에 내리고 타고 하는 것이, 내리는 데 걸리지 않으면 타는 데 걸리고, 타는 데 걸리지 않으면 내리는 데 걸린다고들 하는데 모두 자동적이지 않습니까?

자동적으로 내리고 타는 것을 진리라고 합니다.

상대성 원리라고도 하고요.

정맥, 동맥이 없으면 이어서 돌아갈 수가 없듯이 말입니다.

그런데 자동적으로 내리고 타고 하는 그 가운데에 내리고 타고 할 수 있는 자유로운 마음을 가졌느냐는 얘깁니다.

그 마음은 어디까지나 자유스럽습니다.

만물의 영장이라고도 했고, 자유를 자유대로 행하고 삶을 살 수 있기에 사람이라고 그런 겁니다.

그리고 사람이라고 했던 것은 바로 체가 없는 마음을 맘대로 쓸 수 있기 때문입니다.

그러나 많은 사람들이 자기 마음을 가지고도 자유스럽게 못쓰고 있습니다.

관습에 매달리고 안 된다는 데 매달리니 괴롭습니다.

쉽게 말해서 차를 타는 데도 끄달리고 내리는 데도 습관적으로 끄달리는 겁니다.

왜 끄달립니까?

내가 갈 데가 있으면 묵묵히 차를 타는 거고 또 내려야 할 때 묵묵히 내리면 되는 거지, 남이 내리는 거 오르는 거 다 참견하고 간섭하면서 온통 걸리고 돌아가니 그 노릇을 어떻게하겠습니까.

내 육체를 여래의 집으로 삼고 흔들림 없이 도는 한마음의 그 심봉은 자유스러운 겁니다.

그런데도 생각하는 대로 여기 매달리고 저기 끄달립니다.

자기 마음을 자기 마음대로 한다고 하면서도 그렇게 끄달리는 겁니다.

그러니 내 안에서 나오는 일체의 생각을 나의 근본자리에 되돌려 놓으십시오.

나의 관습과 사량으로 '이건 맞다 그르다, 이건 부족하다 적합하다.' 하고, 판단하고 따지다가 보면은 마음의 길을 한 발자국도 떼어 놓을 수가 없는 것이니까요.

양심에 걸린다, 배신하는 것 같다는 생각도 다 내려놓으세요.

그리고 지금 우리에게 시급한 건 마음 씀씀이와 올바른 행동 그런 겁니다.

마음을 잘 써야 행동을 잘하고, 행동을 잘해야 진실한 말을 잘하고, 조건없이 사랑을 할 수 있는 말들을 할 수가 있고, 여여하게 할 수가 있는 것입니다.

화가 나게 하면 화가 나게 하는 것도 그 자리요,

화가 안 나게 하는 것도 그 자리이니 그 자리에다가 즉시 돌려서 화가 안나게끔 하는 도리를 아셔야 합니다.

화나는 거 하나로 표현을 했지만 모든 게 다 그렇습니다.

그래서 한마디로 표현을 하기를 구정물을 새 물로 갈아서 먹고 써라 이렇게 말한 것입니다.

그러니 종교라는 이름에 끄달리지 마시고, 불교니 기독교니 하는 것은 다 상표에 불과할 뿐이다 라는 것을 알아야 합니다.

우리가 이름에 걸리거나 속아서야 되겠습니까?

여러분이 좀 더 지혜를 얻고, 알고, 나라는 존재를 안다면 모두가 다 부처님 법 아님이 없음을 또한 깨닫게 될 것입니다.

그러니 일체의 모든 것을 근본에 진실로 맡길 수 있도록 열심히 공부하기를 당부합니다.

모든 것은
필연으로 이루어져 있습니다

우리가 지금 살아가고 있는 이 세계에서 과연 영원한 것이 있는가.
어떤 것도 영원하고 영구불변한 것은 없습니다.
오직 하나 있다면 우리들 안에 꼭 가지고 있는 이 마음만이 영원히
나와 함께 하는 나의 근본일 뿐입니다.

지금 우리들이 살아가는 세계는 모든 것이 필연으로 이루어져 있
지, 어느 것 하나 우연으로 벌어지는 것이 없습니다.
그 필연이 어디에서 나오느냐?
바로 우리가 수억 겁을 살면서 이루어 놓은 우리들의 조그마한 인
연 하나하나가 우리의 삶과 운명을 결정짓는 것입니다.
지금 나의 소심하고 나약한 마음도 내가 살아오면서 이루어 놓은
나의 인연과 습의 결과일 뿐입니다.

그렇다면 어떻게 해야 나의 이러한 관습 속에서 벗어날 수 있겠습
니까?
그것은 오직 한군데 나의 근본, 주인공에 모든 것을 놓아나가는 것
입니다.
나의 근본이 분명히 있다는 것을 믿고 오직 진실하게 믿고 놓아야

58

새로이 재생이 된다는 것입니다.

그런데 주인공이 있는지 없는지 모르겠다고 하니 탈인 것입니다?

그러나 주인공은 어떻게 생겼고, 어떻게 작용을 하고, 어떻게 분명히 있다고 아무리 말을 해 주어도 느껴보지 못한다면 그것은 헛일일 수밖에 없습니다.

주인공 참나는 틀림없이 존재합니다.

석가모니 이후 역대 조사님들께서 일생을 수행하시고 허튼소리를 하셨겠습니까. 그러니 정말 실천을 해 보세요.

나에게 들고나는 모든 생각 하나하나를 나의 근본에 놓고 믿고 지켜볼 수 있어야 합니다.

그렇게 진정으로 믿고 맡길 수 있어야 '그래, 내 안에 분명히 주인공이 있구나.' 하는 것을 알 것이고, 그 주인공을 더 느껴보려고도 할 게 아닙니까?

그러니 자신의 근본이 있을까 없을까를 머리로 이론으로 따지지 말고 정말로 한번 믿어서 체험을 해보세요.

꼭 그렇게 하나하나 실천해 나가기를 당부합니다.

공부재료로
생각하면 어떨까요?

누구나 아는 것처럼 인생은 고통스러운 것입니다.

물론 어떤 경우에 우리는 고통을 느끼지 않을 때가 있는 것도 사실이지만, 그것은 짧은 순간일 뿐이고 기쁘고 좋다고 하는 그 자체가 괴로움이라는 동전의 뒷면에 지나지 않기 때문에 유한할 수밖에 없습니다.

그렇듯이 산다는 것은 부자유하고 그나마도 결국은 죽음이라는, 아무도 원치 않는 무(無)로 돌아가 버리고 맙니다.

그래서 부처님께서는 끊임없이 이어지는 이 고통이 집착에서부터 나왔다는 것을 아시고, 그 집착을 멸하여 도에 이르게 하시는 사성제를 설하셨습니다.

여러분은 사시면서 좋은 일 기쁜 일이 있을 때는 그것을 당연하게 여기시면서 나쁜 일 힘든 일이 있을 때는 '아이구, 왜 이런가 괴롭다, 나만 이런가.' 하시며 한탄과 낙담에 빠지기도 하시죠?

물론 세상에는 하나도 가질 것이 없지만, 자세히 알고 보면 하나도 버릴 것 또한 없습니다.

모두가 나를 가르치기 위해서 나를 진화시키기 위해서 내 근본에서 가지고 온 공부재료랍니다.

심지어는 망상조차도, 망상이 아니라면 무엇으로 참지혜를 알 수 있을 겁니까?

고통을 몰랐다면 어떻게 참기쁨을 알 수 있겠습니까?

그러니 그것도 그냥 우리를 제대로 된 사람을 만들기 위한 재료일 뿐이지요.

이 사바세계는 사람을 만드는 공장이라고 할 수 있습니다.

제대로 된 참사람을 만드는 공장 말입니다.

우선 당장 여러분 눈에 보이지 않고 지혜롭게 생각이 안 나고 그러니까 다 고통이라고 쉽게 생각할 수도 있겠지만 그렇게 보여주고, 그렇게 고통을 느끼게 하는 근본 뿌리가 있습니다.

그것이 있어서 나를 이렇게 이끌고 간다는 것을 그냥 믿으시고, '그 젖줄을 믿고 그것만 쥐고 너만이 먹여 살릴 수가 있고, 너만이 해결할 수가 있고, 너만이 닥친 이 모든 것을 기쁘게 받아들이고, 그 속에서 지혜가 나오게 할 수도 있다.' 하면서 모든 걸 거기다, 일거수일투족을 거기다 다 놓을 때 비로소 고통도 고통이 아니며, 기쁨도 기쁨이 아니라 그냥 이대로가 진리의 한 모습이구나 하는 것을 알게 될 것입니다.

그리고 우리가 사람으로 태어난 그 본의도 모든 것을 근본을 의지해서 믿고 실천해 나가는

그 속에서 체득할 수 있을 것입니다.

고통은 때로는 몹시 견디기 힘들고, 때로는 견딜 만합니다.

고통은 일상에서의 장애물이나 짜증스러운 일일 수도 있고, 신체적, 정신적 고통이나 우울함, 반감, 분노를 일으키며 꾸준히 계속되는 걱정거리일 수도 있습니다.

어떤 고통이건 간에, 그것은 영혼의 성장에 도움을 줍니다.
물론 우리의 성장은 고통을 어떻게 인식하고 활용하느냐에 달려있습니다.
적절하게 다루어진 고통은 우리의 삶을 변화시키는 힘이 됩니다.
우리의 근심과 고통을, 우리에게 무언가를 가르치는 공부재료로 생각하면 어떨까요?
그리고 그 고통과 함께하면서 고통 속에서도 배움이 많구나 하고 생각해보면 어떨까요?

덕병(德甁)이라는 그릇

계율을 가지는 사람은 되지 않는 일이 없고, 계율을 깨뜨리는 사람은 모든 것을 잃어버립니다.

마치 어떤 사람이 항상 하늘에 공양하는 것과 같은데, 그 사람은 빈궁하여 사방으로 구걸하면서도 12년이 지나도록 공양하여 부귀를 구하였습니다.

사람이 이에 뜻을 세웠으므로 하늘도 그 사람을 가엾이 여겨, 그 몸을 나타내어 그에게 물었습니다.

"너는 무엇을 구하는가?"

"나는 부귀를 구합니다. 그리하여 내 마음의 소원을 모두 이루고 싶습니다."

하늘은 그에게 덕병(德甁)이라는 그릇 하나를 주면서 말하였습니다.

"그대가 원하는 것이 모두 이 병에서 나올 것이다."

그는 이 병을 얻어 무엇이나 하고 싶은 것은 뜻대로 되었습니다.

그리하여 좋은 집과 코끼리 · 말 · 수레와 일곱 가지 보배를 두루 갖추어 손님들에게 공급하되 어느 것 하나 모자람이 없었습니다.

손님은 그에게 물었습니다.

"그대는 전날 그처럼 빈궁하였는데, 지금은 어떻게 이처럼 부자가 되었는가?"

그는 대답하였습니다.

"나는 하늘병[天甁]을 얻었다. 그 병에서 이런 갖가지 물건이 나오기 때문에 이처럼 부자가 되었다."

"병을 내어 거기서 나오는 물건을 보여라."

그는 곧 병을 내어 병 속에서 갖가지 물건을 끌어내었습니다.

그리고 그는 교만한 마음이 생겨 병을 쥐고 일어나 춤을 추다가 그만 실수하여 깨뜨리고 말았습니다.

그리하여 온갖 물건이 한꺼번에 없어졌습니다.

계율을 가지는 사람은 어떤 묘한 즐거움도 원하여 되지 않는 것이 없습니다.

그러나 만일 어떤 사람이 계율을 비방하면서 교만하고 방자하면, 마치 저 사람이 병을 깨뜨려 온갖 물건을 모두 잃는 것과 같습니다.

그러므로 하늘의 즐거움이나 열반의 즐거움을 얻으려 하면 부디 계율을 굳게 지켜 그 받은 바를 깨뜨리지 마세요.

만일 깨뜨리면 길이 삼악도에 떨어져 괴로움을 받으면서 다시 나올 기약이 없을 것입니다.

좋은 과보를 얻으려 하면 항상 선한 마음을 닦고 익히되 늘 계속하여 끊이지 않게 하세요.

그렇게 하면 목숨을 마칠 때에 온갖 악을 물리치고 좋은 과보를 받을 것입니다.

왜 그런가요.

만일 미리부터 선한 마음을 익히지 않으면 비록 목숨을 마칠 때 마음을 선하게 하려 하여도 갑자기 뜻대로 되지 않기 때문입니다.

팔만대장경 중에 나오는 글입니다.

탐욕 · 성냄 · 어리석음

부처님이 남기신 말씀을 들어 봅시다.

"여러 비구들이여, 욕심이 많은 사람은 이익을 구함이 많기 때문에 번뇌도 많지만, 욕심이 적은 사람은 구함이 없어 근심 걱정도 없다.

욕심을 적게 하기 위해서라도 힘써 닦아야 할 텐데,

하물며 그것이 온갖 공덕을 낳게 함에 있어서야.

욕심이 적은 사람은 남의 마음을 사기 위해 굽혀 아첨하지 않고 모든 감관에 이끌리지 않는다.

또 욕심을 없애려는 사람은 마음이 편안해서 아무 걱정이나 두려움이 없고, 하는 일에 여유가 있어 부족함이 없다.

그래서 열반의 경지에 들게 되는 이것을 가리켜 욕심이 적음(少欲)이라 한다.

만약 모든 고뇌를 벗어나고자 한다면 만족할 줄 알아야 한다.

넉넉함을 아는 것은 부유하고 즐거우며 안온하다.

그런 사람은 비록 맨땅 위에 누워 있을지라도 편안하고 즐겁다.

그러나 만족할 줄 모르는 사람은 설사 천상에 있을지라도 그 뜻에 흡족하지 않을 것이다.

만족할 줄 모르는 사람은 부유한 듯하지만 사실은 가난하고 만족할 줄 아는 사람은 가난한 듯하지만 사실은 부유하다.

만족을 알지 못하는 사람은 항상 오욕에 이끌려 만족을 아는 사람들이 불쌍하게 여긴다.

이것을 가리켜 지족(知足)이라 한다."

이상의 말씀은 〈유고경〉에 나오는 말씀입니다.

모욕을 당하고 화내지 않기 어려우며 "참을 인(忍)자 세 개면 살인도 면한다"는 말이 있습니다.

자신에게 부딪쳐 오는 좋지 않은 상황에 대하여 잠시 여유를 가지고 그것을 지켜본다면 합리적인 방법이 있을 것인데, 우리는 그 순간을 참지 못하고 화를 내고 상대방에게 좋지 못한 말과 모습을 보여 결국 해결하기 어려운 지경에 이를 때가 많습니다.

뒤에 생각하면 그렇게까지 할 필요가 없는 상황이었고, 그 원인조차도 사소한 것인데, 그 마음을 억제하지 못하여 일을 그르치게 되는 경험이 여러분도 있을 것입니다.

가령 부부 싸움의 경우 어떤 일을 계기로 사건이 일어나면, 잠시 그 상황을 피하여 동네 한 바퀴 돌거나 하루 이틀 지나면, 자연스럽게 해결되는 경우도 있는데, 이런 경우 때문에 "부부 싸움은 칼로 물 베기"라고 하는가 봅니다.

만약 쌍방에 서로 성을 내고 그 상황이 지속되면 이성을 잃어버리고 올바른 판단을 못한 채 감정으로 대하여 끝내 해서는 안 될 말까지 해 버리게 됩니다.

그것에다 자존심이 자리잡게 되면 심각한 상황에 이르는 경우도 있습니다.

이런 경우 "부부 싸움은 칼로 물 베기"가 아닙니다.

일상생활의 일이 모두 그렇습니다.

자신에게 닥쳐오는 일에 감정으로 해결할 것이 아니라 잠시 여유를 가지고 한 발짝 물러나면 새로운 방법이 보입니다.

그러나 이것은 결코 쉬운 일이 아닙니다.

더욱이 모욕을 당하고 나도 화내지 않기 어렵습니다.

우리가 화를 내는 것도 생각해 보면 자신을 알게 모르게 내세우기 때문입니다.

즉, "나", "나의 것"이라는 견해를 내세우기 때문입니다.

모든 일에 먼저 성을 내고 더욱이 자존심을 내세운다면 일을 해결하기 힘든 지경에 이르는 것도 바로 그 때문입니다.

그러므로 자신에게 부딪치는 상황에 대해 성을 내지 않고 마음을 차분히 하여 그 모든 상황을 해결하는 것은, 불교에서 말하는 바로 자신을 낮추는 하심(下心)의 수행 과정이자 수행의 결과라고 볼 수 있습니다.

이를 통하여 성낼 대상도 없고 성낼 주체도 없다는 것을 진정으로 우리는 깨달아 가는 것입니다.

이 세 가지 번뇌 가운데 근본은 어리석음입니다.

탐욕과 성냄으로 인하여 그 어리석음이 증폭되어 나타나고, 그 어리석음 때문에 탐욕과 성냄을 제어하지 못하고 끊임없이 욕심을 내고 성을 냅니다.

이처럼 탐욕 · 성냄 · 어리석음 세 가지는 어떤 독(毒)이 다른 독의 활동을 더욱 활발하게 도와주는 경우처럼 서로 활발하게 일으켜 줍니다.

그러므로 어리석음, 즉 무명(無明)을 근본 번뇌 가운데 가장 근본이 된다고 할 수 있습니다.

그러므로 올바른 지혜를 얻는 것은 바로 모든 번뇌를 없애는 길인 것입니다.

번뇌를 없애고 지혜를 얻는데 대해서 부처님께선 이렇게 말씀하셨습니다.

"지혜가 있으면 탐착이 없어질 것이니, 항상 자세히 살피어 그것을 잃지 않도록 하여라.

이것은 우리 법 가운데서 능히 해탈을 얻게 하는 것이다.

그러나 그렇지 못한 사람은 수행자도 아니요 세속 사람도 아니므로 무엇이라 이름할 것이 없는 것이다.

참지혜는 생로병사의 바다를 건너는 튼튼한 배이고, 무명 속의 밝은 등불이며, 모든 병든 자의 좋은 약이고, 번뇌의 나무를 찍는 날이 선 도끼이다.

그러므로 우리 불자들은 잘 듣고 생각하고, 지혜로써 더욱 자신을 길러야 한다.

만약 어떤 사람이 지혜의 빛을 가졌다면, 그는 세상의 무엇이든지 육신으로 밝게 볼 수 있다."

우리가 부처님 말씀을 배우고 실천하며 살아가는 것도 결국 모든 번뇌를 끊고 평온한 상태에 이르고자 함 입니다.

부처님 법을 배우는 불자로서 욕심을 내고 참지 못하고 화를 내며 올바르게 판단하지 못한 체 일을 꾸민다면, 그것은 활활 타오르는 번뇌의 불길에 기름을 붙는 꼴입니다.

삼독(三毒)

불교에서는 모든 잘못을 행하고 고통 속에 사는 그 근본 원인을 탐욕(貪) · 성냄(瞋) · 어리석음(癡) 이렇게 세 가지를 들고 있습니다.

이 세 가지는 몸과 마음을 해치는 독약과 같다고 하여 삼독(三毒)이라고 합니다.

여기서 탐욕(욕심)이란 좋아하는 대상에 대한 집착을 말하고, 성냄이란 좋아하지 않는 대상에 대한 반감이나 혐오 등을 말하며, 어리석음이란 바른 도리에 대한 무지를 말합니다.

이 세 가지가 불길이 되어 수많은 고통이 우리에게 일어나는 것입니다.

우리가 이 세상을 살아가는 동안, 수많은 고통과 감당하기 힘든 어려움에 직면하게 됩니다.

그런 고통과 어려움에 직면하게 되면, 그 원인이 무엇인가 살펴보고, 나름대로 판단하여 처신하기도 하고 후회하기도 합니다.

"그때 좀 더 일찍 내가 알았더라면 이렇게까지 크게 확대되지는 않았을 텐데."

"내가 그때 욕심만 부리지 않았어도 이렇게 되지는 않았을 텐데."

"내가 좀 참았더라도 모든 것이 순조롭게 되었을 텐데." 등등

이처럼 우리는 일상생활에서 한 순간의 마음을 다스리지 못하여

더 큰 화를 초래하는 경우가 많습니다.

좀 더 사정을 잘 알았다면, 욕심만 더 부리지 않았다면, 좀 더 참았다면, 쉽게 넘어갈 수 있는 일들을 해결하기 힘겨운 상태로 만든 경우가 많습니다.

탐욕 · 성냄 · 어리석음의 독을 들이마시고 자신의 마음을 다스리지 못하여 점점 감당하기 힘든 수많은 잘못을 짓게 됩니다.

물론 이 이외에도 많은 번뇌가 우리의 삶을 어지럽게 하지만, 탐욕 · 성냄 · 어리석음으로 인하여 모든 번뇌가 일어나고 모든 고통과 어려움이 발생하기 때문에 그 근본이 되는 탐욕 · 성냄 · 어리석음을 열거하여, 그것으로부터 벗어나라고 부처님께서는 말씀하시는 것입니다.

이를테면 강물이 원래 조그마한 샘물에서 시작하여 끊이지 않고 흐르면 시내를 이루고 마침내는 만경창파를 이루게 되지만, 어떤 사람이 그 물줄기의 근원을 끊으면 모든 흐름이 다 쉬게 되는 것처럼 모든 악의 근본이 되는 탐욕 · 성냄 · 어리석음을 다스리면 그 모든 악이 그치게 되기 때문입니다.

다시 한 번 일상생활에서 느껴지는 고통을 살펴보더라도, 그 대부분이 탐욕 · 성냄 · 어리석음을 그 원인으로 함을 알 수 있습니다.

게으름과
편해지려는 마음

수행의 가장 큰 적은 게으름과 편해지려는 마음입니다.

아상은 끊임없이 내 몸뚱이 편해지는 쪽으로 움직입니다.

우리가 살아가면서 하는 모든 행동의 근본은 편해지려는 마음입니다.

사실 모든 행동은 편해지려고 하는 것입니다.

돈을 버는 것도 편해지려고 하는 것이고, 사람을 만나는 일, 무언가를 추구하는 일에서 사랑하는 일이며 잠을 자는 일 조차 편해지기 위한 일들입니다.

수행이라는 것은 바로 이 편해지려는 마음을 닦는 것입니다.

편해지려는 그 하나의 목적으로 일을 하고자 하고 편해지지 않는 일들은 하지 않으려고 애를 씁니다.

하기 싫은 일이라는 것은 우리 마음을 편하지 않게 하는 일들입니다.

하기 싫은 일을 할 때 우리 마음은 편치 않습니다.

수행이 편해지려는 마음을 닦는 것이라 할 때 하기 싫은 일을 하는 것이 가장 큰 수행이라는 결론에 이릅니다.

수행은 하기 싫은 일을 하는 것입니다.

왜냐하면 수행하지 못한 어리석은 중생의 마음이란 '절대 하기 싫은 것은 하지 않는' 마음이기에 그렇습니다. 그러나 하기 싫은 것을 하지 않고 우리 몸 편하게 하는 일만 하고 산다면 우리의 삶은 온갖 번뇌에 휩싸여 내 안의 맑음과는 자꾸 멀어지게 될 것입니다.

게을러서 일찍 일어나기 싫고, 아침에 일어나 108배 하기 싫고, 화를 내는 상대방을 따뜻하게 품어주기 싫고, 맛없는 음식은 먹기 싫고, 미워하는 사람은 만나기 싫고, 그야말로 하기 싫은 일은 하기 싫은 것입니다.

생활 수행자라고 한다면 그런 하기 싫은 일을 찾아 실천해야 합니다.

그것이 바로 수행이기 때문입니다.

수행을 하긴 해야겠는데 하지 못하는 이유는 수행이 몸뚱이 편하게 하는 일이 아니기 때문입니다.

자꾸만 편한 수행을 찾는 것은 수행과 멀어지는 일이기만 합니다.

옛 스님들은 수행의 어려움을 '도를 구할 때 뼈를 부수어 골수를 뽑아내듯 하라'고 말씀하셨습니다.

자꾸 쉽게 쉽게만 하려는 우리 몸뚱이 착심을 잘 지적해 주고 있는 말씀입니다.

수행이 잘 되는 날 수행 잘 하는 것은 아주 쉬운 일이며 그리 큰 공덕이 되지 못하지만, 수행하기 싫고 수행이 안 된다 싶을 때 그때 '싫은 마음' 조복 받고 정진하는 것이, 그것이 참된 수행이 아닌가 하는 생각입니다.

하심(下心)

어떤 부자가 죽음을 앞두고 다음과 같은 유언을 남겼습니다.

"내가 죽거든 손을 관 밖으로 내 놓아 오가는 사람들이 내 손을 볼 수 있게 하라."

'공수래공수거!'

만인의 부러움을 살만큼 많은 재산을 모았던 그의 마지막 메시지는 바로 그것이었습니다.

그런데 이 '공수래공수거' 란 말은 결코 물질만을 대상으로 한 경우는 아닙니다.

마음까지를 포섭한 말입니다.

그래서 부처님께서는 수없이 많은 경전을 통해 무(無)와 '공(空)'을 강조하셨습니다.

'나라고 할 것이 본래 없고(空)', 따라서 '내가 한 일이란 것 또한 없음(空)' 을 일깨워 주심으로써 무위와 삶, 즉 자유인의 길을 가고 있습니다.

'마음' 을 너무 좁게 쓰기 때문입니다.

사실 물질에 대한 지나친 집착도 그로부터 비롯됩니다.

우리 모두는 본래 열린 마음, 빈 마음인데 '나' 를 앞세우다 보니까

닫힌 마음으로 살게 됩니다.

'나'를 너무 사랑하기 때문입니다.

중생의 자기 사랑이란 참다운 사랑이 아닙니다.

뒤집힌 꿈일 뿐입니다.

그리고 그 꿈은 온갖 번뇌를 길러내는 자기 속박의 온상입니다.

예컨대 아만과 아집이라는 것만 버려도, 자존심이라는 것만 버려도, 삶이 얼마나 홀가분한 것인가를 생각해 보세요.

짜증낼 일도 스트레스 받을 일도 없을 것입니다.

진정코 자기를 사랑하려거든 빈 마음이 되세요.

열린 마음이 되세요.

잘 안 되거든 노력하세요.

되는 것보고 잘 된다고 하는 것은 수행이 아닙니다.

마음공부가 아닙니다.

안 되는 것을 되게 하려고 노력하는 것이 수행이요 공부입니다.

그것이 곧 하심(下心)입니다.

빈 마음으로 상대를 받아들이고 상대 속으로 들어가는 것입니다.

울타리를 헐고 저 넓은 들판 같은 마음이 되는 것입니다.

또한 허공 같은 마음이 되겠다는 것입니다.

진정 자기를 사랑하려거든 아만 · 아집 · 아상을 버리세요.

그것이 참된 수행의 길이요,

불법 공부의 길입니다.

그렇게 해야 중생인 나로서가 아니라 참 나로서 세상을 바로 보고 바로 알게 되는 것입니다.

욕망

우리들 삶의 밑바탕에는 철저히 '욕망'이란 마음이 깔려 있습니다.

우리들의 행동 하나 하나마다 스스로 생각을 했던 하지 못했던 간에 '욕망'이란 놈이 끊임없이 활동하고 있습니다.

맛있는 음식을 먹고자 함도 '욕망'이고, 보다 많은 돈을 벌고자 함도 '욕망'이며, 잘난 배우자를 선택하고자 하는 것도 '욕망'입니다.

명예와 권력을 얻고자 함도, 좋은 대학을 가고, 좋은 회사에 취직하고자 함도,

우리가 살아가며 느끼는 이 모든 행위마다 '욕망'이란 놈은 언제나 고개를 쳐들고 일거수일투족 우리의 행위에 끼어들어 모든 판단에 관여하고 있습니다.

'욕망'이 클수록 무언가를 얻고자 갈구하는 마음이 커지고 얻고자 함이 클수록 그에 대한 집착도 커지며 집착이 클수록 괴로움도 커지는 것입니다.

'욕망'이 작을수록 얻고자 함이 적어지고 집착을 여의게 되어 어디에도 걸리지 않는 자유를 느낄 수 있습니다.

괴로움의 원천은 대부분 '욕망'에서 옵니다.

욕망을 놓아버리고 나면 자연스레 욕망의 대상에 대한 집착도 여

의어지고, 따라서 괴로움도 소멸되어 버립니다.

많은 사람들은 하고자 하는 '욕망'이 없으면 어떻게 세상을 살아 가느냐고 반문합니다.

수행자는 대답합니다.

'욕망에 의한 삶이 아닌 필요에 의한 삶을 살아가라.'

욕망에 의한 삶은 끝이 없습니다.

한 가지 욕망이 성취되면 곧바로 또 다른 욕망을 일으킵니다.

설령 우주를 다 준다 해도 그 욕망은 사그라들지 않습니다.

'필요'에 의한 삶을 사는 이를 수행자라 이름합니다.

무소유는 아무것도 가지지 말라는 말이 아닙니다.

'필요'에 의한 소유를 하라는 것입니다.

배가 고프면 밥과 반찬이 있어 주린 배를 달래면 됩니다.

옷이 필요하면 누더기라도 걸치면 그만입니다.

돈을 벌고자 하면 취직을 하면 됩니다.

그러나 우리의 '욕망'은 배가 고프면 보다 좋은 밥과 맛있는 반찬 을 원하고,

옷이 필요하면 비싸고 좋은 옷을 가지려 하고, 돈을 벌고자 하면 끊임없이 만족치 못하여 수억을 벌어도 모자란 마음을 일으킵니다.

그저 필요한 깃 있는 대로 쓰면 그만입니다.

그러나 우린 거기에 '욕망'을 가미하여 '더 좋은 것', '더 맛있는 것', '더 많이', '더 높게'를 바랍니다.

옛날 부처님 당시 수행자들은 누더기 한 벌, 바루 하나면 충분한 삶을 살았습니다.

보다 좋은 색깔 누더기, 금으로 만든 밥그릇을 바라지 않았습니다.

밥만 주면 밥만 먹고 살았고, 적으면 적은 대로 조금씩 먹고, 많으면 많은 대로 여럿이 나누어 먹고……

영양가 많은 고기가 나오면 아픈 이에게 나누어 먹이고, 그렇게 자연스럽게 살았습니다.

'욕망' 이기보다 '필요' 에 의한 삶을 살았기 때문입니다.

그렇다 하더라도 우린 무언가를 끊임없이 가지려고 합니다.

가지지 말고 무조건 없이만 살라는 것이 아닙니다.

가지는 데도 방법이 있습니다.

'필요' 에 의해 가지려는 마음은 이타적인 '서원' 이며 '욕망' 에 의해 가지려는 마음은 이기적인 나만 잘 되자는 '기도' 일 수 있을 것입니다.

진정 돈을 필요로 하는 이에게 돈을 베풀기 위해 돈을 벌겠다는 것은 '서원' 이며 '필요' 에 의한 삶입니다.

어리석어 사회에서 당하고만 사는 이에게 지식을 베풀기 위해 학교를 다니고 큰 돈 들여가며 공부하는 것 또한 '필요' 에 의한 삶입니다.

보다 많은 이를 포교하기 위해 절을 짓고 불사를 일으키는 것 또한 바람직한 가짐의 방법일 수 있습니다.

이렇듯 여기에서 말하는 필요는 나에게 필요한 것을 의미하는 것이 아닙니다.

나를 위해 필요한 것을 보다 많이 충족하는 것은 '욕망' 입니다.

정작 궁극에 가서 사회를 위하고 남을 위하는 보다 넓은 길을 걷기 위해 필요한 것들을 가지는 것이 '필요' 에 의한 삶입니다.

예로부터 수행자는 생명이 있어야 수행하고 교화할 수 있기에 음식을 취할 지언정 맛에 탐닉하여 음식을 먹지 않는다고 하였습니다.

　이 모두가 '필요'에 의해 살아간다는 수행자의 자세입니다.

　요즘 우리 사회에 최소한의 의, 식, 주를 갖추지 못한 이는 어디에도 없습니다.

　누구나 '필요'에 의한 삶은 누리고 있습니다.

　먹지 못하고, 입지 못하고, 눕지 못하는 이는 눈을 씻고 찾아보아도 없습니다.

　북한이나 인도, 소말리아 등지의 당장 빵 한 조각에 생명이 왔다 갔다 하는 소수민들에게나 '괴롭다'는 말이 통한다면 조금 통할 수 있을 것입니다.

　정말 필요에 의한 최소한의 것도 충족되지 않는 이들을 위해 오히려 우린 뛰고 또 뛰어 베푸는 것이 우리의 사명이 되고 수행이 되어야 합니다.

　'최소한의 필요'에 의한 것들이 충족되지 않는 이에게, 그런데도 사람들은 끊임없이 '없다' '없다' 하며, '괴롭다' '괴롭다'를 연발합니다.

　지금 이대로의 모습으로 '행복함'을 느끼는 사람은 얼마 되지 않습니다.

　누구나 '욕망'에 의한 삶을 살아가기 때문입니다.

　누구나 지금 이 순간 행복할 수 있고 자유로울 수 있습니다.

　'필요'에 의한 삶을 사는 순간 우린 모두가 행복하고 자유로운 사람입니다.

　너무나도 당당한 수행자이며 우주를 내 안에 품고 있는 거칠 것 없는 참생명 주인공입니다.

보다 좋은 것을 먹고 싶고 보다 좋은 집을, 좋은 차를 사고 싶고 보다 높은 지위에 오르고 싶고, 보다 육신을 편안하고 안락하게 하고 싶고, 이 모두가 우리를 괴롭게 만드는 것입니다.

어리석은 중생은 '욕망'에 의해 세상을 살아갑니다.

지혜로운 수행자는 '필요'에 의해 세상을 살아갑니다.

중생은 수억을 가지고도 불안하며 불행합니다.

수행자는 누더기 한 벌, 바루 하나를 가지고도 세상을 움직입니다.

'필요'에 의해 마음을 일으키면 법계에서 수억, 수천억이라도 끌어 쓸 수 있기 때문입니다.

'내가 한다'는 상이 없으니 아무리 끌어다 써도 업이 되는 일이 없습니다.

모두가 밝으신 부처님 일입니다.

뿌리가 깊게 내린 깃대는
뽑히지 않는 법입니다

우리의 마음은 세찬 바람 앞에 마구 흔들리는 깃발처럼 다가오는 온갖 경계들 앞에 마구 흔들리며 살아갑니다.

평생 동안 경계 따라 흔들리는 것이 우리네 사는 모양입니다.

힘겹고 괴로운 경계가 다가올 때 울고불고 괴로워하며 답답해 어쩔 줄 몰라 하고, 즐겁고 행복한 경계가 다가올 때 웃고 즐거워하며 한없이 행복에 겨워합니다.

바람 앞에 흔들리는 깃발은 바람의 방향이며 강도에 따라 쉼없이 흔들립니다.

그러나 깃발은 그렇게 끊임없이 흔들리지만 깃발을 지탱하고 있는 깃대는 늘 그 자리에서 고요합니다.

그 어떤 바람에도 흔들림이 없이 고요하며 당당합니다.

그러나 깃대 또한 대지에 얕게 꽂혀 있다면 어느 정도의 바람은 이겨내겠지만 거센 바람 앞에서는 뿌리가 뽑혀 나가고 말 것입니다.

그러나 뿌리가 깊게 내린 깃대는 뽑히는 법이 없습니다.

우리의 마음도 이와 같습니다.

얼마만큼 내면의 뿌리를 깊고 견고하게 내리느냐에 따라 경계에 흔들리는 정도는 천차만별로 차이가 나게 마련입니다.

마음의 뿌리를 깊게 내리고 있으면 그 어떤 외부의 경계가 다가와도 결코 흔들리지 않습니다.

그것이 수행자의 맑고 당당한 마음입니다.

참된 수행자의 경계는 참으로 경계 앞에 서야 여실하게 드러나는 법입니다.

얼핏 보기에는 모두가 맑게 느껴질 수도 있지만 경계 앞에 서면 참된 맑음, 참된 수행자의 실상이 드러납니다.

맑은 물 한 컵과 흙탕물 한 컵을 한동안 가만히 놓아두면 양쪽 다 모두 맑게 보여집니다.

그러나 막대로 휘저어 본다면 맑은 물은 그대로 맑지만 흙탕물은 온통 더러워지게 마련입니다.

가만히 명상해 봅시다.

우린 과연 어느 쪽인가 말입니다.

외부에서 그 어떤 경계가 나를 휘젓더라도 그대로 맑음을 유지할 수 있는지 아니면 경계 따라 마음이 천차만별로 흩어지는지 말입니다.

대부분의 사람들은 아무리 수행자라 하더라도 후자 쪽일 것은 뻔한 일입니다.

그러나 그로 인해 또다시 괴로워할 필요는 없습니다.

경계 없는 인생은 없으며 경계에 닥쳐 '욱' 하는 마음이 올라오지 않는 이는 없습니다.

제 아무리 수행자라 할지라도 경계가 닥치면 과거 업식 따라 마음은 동하게 마련입니다.

그렇다고 하더라도 수행자와 비수행자의 경계를 대함은 하늘과 땅만큼 차이가 나게 마련입니다.

수행자는 그 어떤 경계라도 이겨낼 수 있는 마음의 주장자가 깊게 뿌리내려 있기 때문에 그 어떤 경계라도 마땅히 바르게 녹여 낼 수 있습니다.

경계를 대함에 마음에서 올라오는 분별심으로 대하는 것이 아닌 내면에 뿌리깊게 내려져 있는 맑은 한마음 주장자로써 경계를 대하기 때문입니다.

경계를 밝게 선 마음의 주장자로써 밝게 녹여 나갈 수 있기 때문입니다.

온갖 경계라도 내면의 본래 면목 자리에 넣어 녹일 수 있습니다.

일체 그 어떤 경계라도 붙잡는 법이 없습니다.

오직 마음에 세운 모양 없는 주장자를 잡음없이 굳게 부여잡고 있기 때문입니다.

그렇기에 일체를 잡지 않고 다 놓아버릴 수 있는 힘이 나옵니다.

방하착(放下着)의 밝은 실전 수행력이 나오는 것입니다.

깊게 뿌리 내린 나무가 아무리 큰 폭풍우에도 결코 흔들림이 없듯 수행자의 내면에 뿌리내린 마음의 주장자가 굳고 깊을수록 아무리 큰 경계에도 결코 흔들림 없이 녹여낼 수 있을 것입니다.

마음의 주장자를 잡고 있다는 것은 내면의 밝은 참나에 대한 우직하고 굳은 믿음을 가진다는 말일 것입니다.

세상 모든 일의 중심은 오직 내 안에 있음을 내 안에 밝은 깨침의 부처님 종자가 있음을 온전히 믿는다는 말일 것입니다.

마음에 중심이 세워진 자는 언제나 고요하며 자유롭고 당당합니다.

그 어떤 경계를 당하더라도 여여할 수 있습니다.

설령 하늘이 무너지더라도 죽음이 눈앞에 다가오더라도 당당할 수 있습니다.

내 안에 뿌리내려진 마음의 주장자, 부처님 생명으로 살아가기 때문입니다.

생사에 따라 마음의 주장자가 나고 죽는 것이 아니기 때문입니다.

그러나 우리들은 어떠합니까.

마음의 중심이 온통 경계에 따라 놀아납니다.

직장 상사의 비난에 마음을 빼앗겨 괴로운 마음을 내었다가, 친구들의 이기적인 마음에 마음을 빼앗겨 성내는 마음을 내었다가, 돈에 마음이 빼앗겨 많고 적음에 따라 행복, 불행의 마음을 만들어 내고, 지위의 높고 낮음에 마음이 빼앗겨 상대방을 높고 낮은 상(相)으로써 대하며, 이성에 마음이 빼앗겨 집착하고 질투하는 마음을 만들며, 그렇게 온갖 경계에 마음을 빼앗기고 살아갑니다.

이렇듯 마음의 중심이 서지 않으니 인연 따라 다가오는 경계를 집착하여 마음의 중심이 외부의 경계로로 옮겨 붙게 되고, 그럼에 따라 경계와 마음이 인연되어 또 다른 업식의 어두운 마음을 만들어

냅니다.

경계 따라 괴롭다거나, 성낸다거나, 탐낸다거나 하는 등 말입니다.

그러나 마음의 주장자, 밝게 선 수행자는 경계의 허망(虛妄)한 실체를 바로 관(觀)하고, 내 마음의 중심을 굳게 세우고 있으므로 외부의 경계에 마음의 중심이 흔들리지 않습니다.

모름지기 수행자는 이와 같아야 합니다.

마음의 주장자, 밝게 서 있다면 두려울 것도 없고, 괴로울 것도 없고, 그렇다고 즐거운 마음에 크게 들떠 있을 것도 없습니다.

오직 관심의 대상은 외부의 경계가 아닌 내면이기에 경계를 대함에 경계를 탓하지 않고 내면을 채찍하고 내면을 다스릴 뿐입니다.

이런 밝은 수행자에게 경계는 오직 내 마음 닦는 수행재료일 뿐입니다.

마음의 중심을 잡고 살아야 합니다.

헛되이 마음이 경계에 놀아나선 안 됩니다.

마음의 주장자를 잡고 사는 수행자는 어리석은 중생의 마음을 닦아 부처가 되려는 이가 아닙니다.

바로 부처님 생명으로 세상을 살아가는 사람입니다.

마음의 주장자, 밝게 서게 되면 말 한마디가 부처님 말씀이 되고, 행동 하나 하나가 부처님 행동이 되며, 한 생각 일으킴이 부처님 생각이 되는 것입니다.

'예' 하는 마음

우리 마음속의 참생명, 한마음은 걸릴 것이 없습니다.

하지 못할 일이 하나도 없습니다.

'참나'를 굳게 믿고 있는 수행자는 어떤 경계가 닥치더라도 당당히 맞설 힘이 있습니다.

'참나'는 못할 것이 없기 때문입니다.

그런 참생명의 힘을 가지고 있는 우리지만 우리의 일상은 못하는 일, 어려운 일, 답답한 일, 안 되는 일뿐입니다.

우리의 마음은 오랜 습관으로 인해 '안 되는 마음', '못 하는 마음'으로 가득 차 있습니다.

무엇이든 경계가 닥쳤을 때 순식간 안 된다는, 못 한다는 분별심을 먼저 일으키고 봅니다.

그리고 나서는 혹시 할 수 있을까,

될까 하고 생각합니다.

누군가에게 그 어떤 부탁을 받았을 때 우선적으로 '싫다'는 마음을 일으키고는 분별심을 그리로 이끌어 갑니다.

'아니요. 생각 좀 해 보고요.' 그렇듯, '아니요' 하는 마음이 우리에겐 익숙합니다.

그러나 우린 올바로 밝게 알아야 합니다.

'아니요' 하는 마음은 일단 안 되어지는 쪽으로 기운을 흐르게 합니다.

한편 경계에 닥쳤을 때 일단 '예' 하고 긍정하는 마음을 일으키면 그 마음이 법계를 울려 '되어지는 쪽'으로 기운을 일으킵니다.

그렇게 되어 있습니다.

경계에 닥쳐 일으킨 초심은 너무도 중요합니다.

그 일의 첫 기운을 좌우하기 때문입니다.

첫 단추를 끼우는 것과도 같기 때문입니다.

우린 뭐든지 다 할 수 있는 한마음 부처님입니다.

무엇이든 한마음 일으켜 닥치는 대로 할 수 있는 힘을 가진 존재들입니다.

그러나 그 본래로 가진 힘을 쉽게 무시해 버리기에, 쉽게 자신의 능력을 한정짓기에 안 되는 쪽으로 법계의 울림을 실어가는 경우가 많습니다.

일단 '예' 하고 긍정하는 연습을 하게 되면 법계가 먼저 알아듣습니다.

먼저 알아듣고 수많은 인연, 인연들에게 스스로 통하게 됩니다.

되어지는 쪽으로 일의 흐름을 굳히게 됩니다.

'예' 하고 나면 그렇듯 자연스레 힘이 붙습니다.

반대로 '아니오' 하는 마음은 순간 법계에 짙고도 무거운 어둠을 몰고 옵니다.

그렇듯 부정하는 마음은 할 수 있는 일도 못하게 이끌어 갑니다.

우리의 마음을 나약하게 만들고 맙니다.

내 주위의 인연들을 흐트러뜨리고 맙니다.

그렇게 무서운 것이 '마음의 법칙'입니다.

'아니오'란 말, 절대 쉽게 하지 마시기 바랍니다.

밝은 마음 좀먹는 마장임을 바로 보시기 바랍니다.

'아니오'를 많이 하면 나의 모든 일들이 안 되는 쪽으로 흐름을 타게 됩니다.

가만히 나의 일상을 명상해 보시기 바랍니다.

'예'를 많이 하는지, '아니오'를 많이 하는지, 그것은 나의 마음의 능력을 재어 보는 쉬운 방법이 될 것입니다.

'예'를 많이 하는 사람은 무한한 능력의 소유자이며, '아니오'에 얽매이는 사람은 가지고 있던 능력도 모두 쫓아버리는 사람입니다.

참 좋은 법입니다. 참 밝은 마음입니다.

우리의 마음이란 이렇듯 기특하기 이를 데 없습니다.

한마음 일으켜 일체의 모든 일을 해 나가는 것입니다.

무슨 일이든 '할 수 있다'는 마음가짐을 먼저 가지세요.

'그래도 한 번 해 보자' 하는 마음으로는 부족합니다.

굳은 믿음 일으켜 '예' 하고 되는 쪽으로 마음을 굳히면 그 다음은 '법계'의 일이고, '부처님'의 일입니다.

그 다음 일이 되고 말고는 부처님의 일입니다.

'내가 한다'는 어리석음을 부처님께 마음공양 올리고 나면 이렇게 편안합니다.

그것이 공(空)의 실천입니다.

연기(緣起)의 실천입니다.

잡을 것 없는 마음 하나 굳게 부여잡고 함이 없이 해 나가는 것입니다.

'예' 하는 마음으로 밝은 인연을 짓는 것입니다.

본래 모든 일이란 '마음'을 보면 알 수 있습니다.

잘 되고 안 되고는 미리부터 보여집니다.

그 마음을 보면 보여지게 되어 있습니다.

밝은 마음, 되는 마음을 연습하면 안 될 일도 되는 쪽으로 굳어지는 것이 우리네 마음입니다.

마음 하나 가지고 세상을 짓고, 무너뜨리고 그럽니다.

'예' 하는 마음이 일체 모든 일들을 밝게 지어 내며 '아니오' 하는 마음이 일체 모든 일들을 무너뜨리고 그럽니다.

그런 게 우리네 마음입니다.

이제부터라도 사소한 일에서부터 '예' 하는 마음, 자꾸 연습하여 본래 가지고 있던 무한한 가능성, 무한한 능력을 그대로 일상에서 일구어내시길 발원합니다.

이것도 법이요,
저것도 법입니다

우리는 하나의 커다란 울타리 속에 갇혀 있습니다.

그리고는 그 울타리 안에 있는 것이 전부인 줄 그렇게 알고 살아갑니다.

그러다가 그 안에 있는 것에 익숙해져 갈 때면 그 안에 있는 모든 것을 '나', '내 것', '내 생각'이라고 생각합니다.

인연 따라 잠시 왔다 스쳐 가는 것을 애써 잡아 울타리 안에 가두는 것입니다.

그렇게 스스로 울타리를 쳐서 '나'를 만들어 놓고, 그 안에 빠져버립니다.

내가 스스로 만든 '나'에 집착합니다.

부처님은 말씀하고 계십니다.

"그게 전부가 아니야, 그건 네가 아니야

그 울타리만 걷어차고 나오면 무한한 세상이 다 네 것이야."

지금껏 우리는 이렇게 세상을 살아왔습니다.

그리고 '내 것'을 많이도 늘려놓았습니다.

'내 것'을 늘리는 일, 그것이 우리네 사는 일상입니다.

우리네 한평생 살림살이입니다.

누구나 '내 생각'이 있게 마련입니다.

주관이 있게 마련입니다.

그러나 주관이라는 것은 사실 알고 보면 철저한 객관들의 모임에 불과합니다.

순수한 '내 생각'은 쉽게 찾아낼 수 없습니다.

모두가 '길들여진 내 생각'이었음을 봅니다.

사회 속에서 만들어진 내 생각이었음을, 지독한 고정관념의 연장 이었음을, 사회가 만들어낸 수많은 고정된 틀 그 수많은 고정관념들을 뭉뚱그려 '내 생각'으로 만들어 놓고 주관이라 그럽니다.

내 생각, 내 가치관이라 그럽니다.

선과 악에 대한 자신의 판단 또한 그렇습니다.

여기에서는 '선'이었던 것들이 다른 쪽으로 가면 '악'이 될 수 있습니다.

그렇다면 진정 선과 악은 무엇입니까.

무엇을 보고 '선'이라 하고 '악'이라 해야 합니까.

극단적인 비유로 살생(殺生)은 모두 '악'인가요?

상황에 따라 그 또한 '선'이 될 수 있습니다.

이처럼 세상 모든 일들은 고정된 바 없이 돌아갑니다.

그러나 우리의 생각은 딱하게도 지독하게 고정되어 돌아갑니다.

스스로 혹은 사회에서 이것은 '선'이고 저것은 '악'이라고 고정되게 틀을 만들어 놓은 것입니다.

그 기준에 빠져 우리는 울고 웃고 그럽니다.

그 얄팍한 틀을 깨고 나올 수 있어야 합니다.

똑같은 것이 인연 따라, 상황 따라 '선'도 되고 '악'도 되고 그러는 것입니다.

대표적으로 선악의 비유를 들었지만 대부분의 모든 관념의 틀이 이렇듯 고정지은 바대로 어처구니없게 돌아갑니다.

상황 따라 바뀌는 것이 세상의 이치입니다.

고정관념은 상황이 바뀌어도 한 가지 관념만을 고집하는 것을 말합니다.

그것은 진리가 아닙니다.

부처님께서도 공(空)에 너무 치우친 사람에게는 유(有)를 일깨우셨고, 유에 치우친 사람에게는 공의 이치로 일깨워 주셨습니다.

그렇게 고정됨이 없이 돌아가건만 우리의 생각들은 너무도 편협하게 고정되어 있습니다.

우리가 안고 살아가는 괴로움의 대부분은 바로 이런 고정된 관념 때문에 생기는 경우가 많습니다.

내 생각을 고집하지만 내 생각대로 되지 않을 때 우린 괴로움을 느끼게 되는 것입니다.

고집을 버리면 세상이 고요합니다.

주위가 평온해집니다.

고정관념의 틀을 깨야 세상이 달라집니다.

알에서 나온 병아리처럼, 우물에서 뛰쳐나온 개구리처럼, 그렇게 세상을 보는 기준이 확연히 달라집니다.

내 생각이 옳다는 고집을 버리고 뻥 뚫려 활짝 열린 마음으로 세상을 바라본다면 세상은 이미 내 앞에 활짝 열려 있음을 볼 것입니다.

내 생각은 그렇지 않은데 상대방이 '꼭 이렇게 해라' 하고 이야기할 때 고집이 많고, 고정관념이 큰 사람일수록 내 생각에 대한 미련 때문에 쉽게 상대의 의견을 받아들이기 어렵습니다.

내가 옳다면 상대도 옳을 수 있음을 가슴 깊이 명심하셔야 합니다.

'아니야 그래도 이것만은 내가 옳아!' 라고 고집할 때 이미 그것은 옳지 않은 것임을 알아야 합니다.

이 세상 어디에도 절대적으로 100% 옳은 것은 없는 법입니다.

상황 따라, 인연 따라 옳은 것일 뿐입니다.

어차피 바꾸지 못할 바에는 빨리 내 고집을 포기해 버려야 합니다.

빨리 방하착해야 합니다.

턱! 하고 놓아버려야 합니다.

내 생각의 틀을 깨고 보면 상대방의 생각에 대한 이해가 달라질 것입니다.

우유부단하게 무조건 상대방에게 이끌리기만 하라는 이야기가 아닙니다.

미리 고정지어둔 고정관념을 깨고 세상을 바라볼 수 있어야 한다는 것입니다.

분한 마음 때문에, 자존심 때문에, 그런 마음속의 분별심들 때문에 정견(正見)의 잣대가 흔들려선 안 됩니다.

텅 빈 마음으로 상대의 의견을 내 의견처럼 몽땅 받아들여 볼 수 있는 열린 마음을 가져야 합니다.

상대의 의견과 내 의견의 대립이 아니라 그저 평등한 두 가지 의견이 되어야 합니다.

그러기 위해 내 고집을 버리고 상대를 향해 마음을 열어두어야 한다는 것입니다.

고정된 법은 없습니다.
이것도 법이요, 저것도 법일 수 있습니다.
마음을 열고 보면 세상엔 참 옳은 의견이 많습니다.
이건 이래서 옳고 저건 저래서 옳을 수 있는 마음이 되어야지, 이건 이래서 안 되고 저건 저래서 안 되는 어두운 마음이 되지 말기를 바랍니다.

인연

사람이 세상을 살아가는 방식은, 집착은 놓고 인연은 받아들이는 것입니다.

이 말은 부처님의 가르침을 그대로 실천하는 길이며, 불교의 모든 교리를 실천하는 길이기도 합니다.

이 세상은 인연 따라 만들어지고 인연 따라 소멸하는 인연생기의 법칙에 따라 돌아가고 있습니다.

이 세상이 움직이는 법칙이 바로 "인연과보의 법칙"인 것이지요.

그렇기 때문에 인연을 거스를 수는 없습니다.

내가 인연을 거스른다고 해도 그것은 거스른 것이 아니며, 거스르고 싶다고 해도 거스를 수 없는 노릇입니다.

이 세상 유정 무정 어느 존재라도 인연의 법칙에서 예외인 존재는 없기 때문입니다.

내 앞에 펼쳐진 그 어떤 인연이라도 그것은 내가 스스로 만들었고 스스로 받는 것일 뿐입니다.

그러할 진데 내 것이 아니라고 우겨봐야 어쩔 수 없는 일입니다.

그것은 내 인연 따라 내 스스로 받는 것이기 때문입니다.

외모가 조금 못났어도, 가난한 집에 태어났더라도, 그 인연을 인정하고 받아들이려는 적극적인 삶의 자세가 있어야 한다는 말입니다.

지금 남편과의, 자식과의, 혹은 부모님과의 인연이라든가, 직장의 인연, 부부의 인연, 배움의 인연, 친구나 동료의 인연 등 지금 나의 삶의 환경들은 나에게 주어진 내 인연인 것입니다.

그렇기에 어느 하나 버릴 것이 없습니다.

하늘에서 내리는 눈송이 하나 조차 정확히 떨어져야 할 곳에 떨어진다고 합니다.

그만큼 자신의 인연은 정확히 그 자리에 있게 마련입니다.

그런데 사람들은 그 인연에 내 잣대를 가지고 온갖 좋고 싫은 분별을 일으킵니다.

좋은 인연을 만나면 애착하여 더 잡으려고 애를 쓰고, 싫은 인연을 만나면 애써 버리려고 한다는 말입니다.

그러다 보니 자연스런 인연의 흐름이 나의 어리석은 분별심으로 인해 껄끄러워지게 됩니다.

좋고 싫은 분별은 집착을 가져오고 그로 인해 우리는 몸과 입과 뜻으로 업을 짓게 되는 것입니다.

인연을 만난다는 것은 풀어야 할 인연, 지금 녹여야 할 업(業)을 만나는 것입니다.

그때가 가장 녹이기 쉬울 때라는 것이지요.

그러니 그때 거부하지 말고 바로 받아들여 섭수하여 내 안에서 녹여내고 가꾸어 가야 할 것입니다.

인연을 만날 때가 가장 그 인연 풀기 좋을 때인 것입니다.

그러나 지금 거부해 버리면 또 다음 어느 생에 어떤 인연으로 다시 만날지 어찌 알겠습니까?

96

지금 내 앞에 닥친 그 인연을 받아들여 섭수하면 지금 그 자리에서 업을 녹일 수 있을 것이지만, 거부하려는 마음을 일으키면 온전히 녹이지 못한 채 더욱 커져버린 업인을 만들어 잠시 과보를 뒤로 미루게 됩니다.

인연은 한 치의 오차도 없다고 합니다.

나타나야 할 가장 정확한 그때 내 앞에 나타나는 것입니다.

지금 이 인연이 지금 이 순간에 가장 정확한 인연으로 내 앞에 나타나는 것이라는 거지요.

법계의 이치가 그렇습니다.

어느 하나 버릴 것 없는 부처님의 나툼인 것입니다.

어찌 어리석은 우리의 잣대를 가지고 부처님의 인연을 재고 거스르겠습니까.

인연은 어느 하나 버릴 것 없이 섭수해야겠지만 그렇다고 집착하고 애착을 가지라는 말이 아닙니다.

세상 모든 존재며 경계, 조건들은 인연 따라 잠시 우리 앞에 나타난 것일 뿐이지 고정된 실체가 있어 딱 정해진 것이 아닙니다.

그야말로 인연이 화합하니 그 과보를 맺는 것일 뿐입니다.

그렇게 인연과보의 법칙에 따라 결과를 받고 나면 그냥 그 인연은 다해 사라지게 마련입니다.

우리의 업에 빗대어 설명한다면 업인과보라 하여 우리의 삼업이 저지른 원인이 그 결과, 과보를 가져온다는 것입니다.

그렇게 업이 원인이 되어 과보를 맺고 사라지면 그만인 것이지 거기에 무슨 실체가 있겠습니까.

그러니 좋은 인연이라고 애착하여 잡을 일이 아니며, 싫은 인연이라고 미운 마음에 버려서도 안 된다는 것입니다.

실체 없이 인연 따라 오고 가는 것이기 때문에 그냥 집착 없이 받아들이면, 그 자리에서 녹아 없어지는 것입니다.

인연(因緣) 따라 잠시 오고 가는 것이기 때문에 항상 하지 않아 무상(無常)하다고 하고, 거기에 무슨 실체가 있는 것이 아니므로 무아(無我)라 하며, 무상하고 무아이므로 일체는 괴로움(苦)이라고 하는 것입니다.

인연법인 까닭에 무상, 무아, 무고이며, 이러한 삼법인(三法印)의 특성을 가진 일체 모든 존재는 결코 집착하여 얽매일 존재가 아닌 것입니다.

세상이 돌아가는 이치가 인연법이고, 그 인연법에 의해 존재하는 일체제법이 실체 없음(空)을 설하는 가르침이 삼법인인 것입니다.

그렇기 때문에 인연법 그 자체는 진리이니 받아들이고, 인연법에 의해 존재하는 일체제법은 실체없음, 즉 공이니, 그에 대한 집착은 놓고 가자는 것입니다.

집착을 놓고 인연은 받아들이는 삶은 그대로 인연법과 삼법인, 공을 실천하는 삶이 되며 진리를 드러내는 실천 수행이 되는 것입니다.

인연을 받아들일 때 이전에 지어 놓았던 업인을 녹일 수 있게 되며, 집착을 놓았을 때 더 이상 어리석은 업을 짓지 않게 되는 것입니다.

한 생각

다 같이 오늘은 한 생각 놔봅시다.

수행자로써 한 생각 돌려봅시다.

그러고 보면 부처님처럼 출가해선 안 되는 사람이 어디 있었던가요?

우리의 고민은 고작해야 가족 걱정이며, 욕망들이지만, 싯다르타라는 사문은 한 나라의 왕자였기에 그가 출가를 한다는 것은 그 작은 샤카족의 멸망을 의미했으며, 부모, 아내, 자식에서부터 한 나라를 버리는 일이었습니다.

한 생각 돌이키면 못할 것이 없습니다.

그렇게 한 생각 크게 돌이켜 출가를 결심했다고 합시다.

그러고 나면 어떻습니까.

지금까지 생각해 오던 온갖 근심 걱정꺼리가 모두 내 것이 아닙니다.

자식이며, 가족 걱정에서 회사일이며, 진급, 대인관계, 미워하는 직장 동료며, 상사에 이르기까지…….

이제 이 모든 문제는 더 이상 내 문제가 아닙니다.

지금까지 해 오던 그 모든 가슴 조이던 일상들이 다 놓아집니다.

한 생각 크게 돌이키고 나니 세상이 달라집니다.

세상을 보는 안목이 전혀 달라집니다.

그렇게 바라고 바라던 전혀 새로운 삶으로 변화됩니다.

잘~ 마음내어 생각해 보시기 바랍니다.

출가를 하라는 말이 아닙니다.

한 생각 이렇게 크게 돌이켜 보면 자유로워진다는 말입니다.

절대 돌이킬 수 없다는 마음이 바로 '나'를 고정지어 둔 틀이며 울타리라는 것을 바로 보아야 합니다.

본래 날 적부터 이러 저러하게 정해진 삶이 어디 있습니까?

모두가 본래자리에서 보면 똑같은 진면목, 한마음 불성자리로 같습니다.

그 어떤 시비도, 분별도 없이 그대로 공평하고 평등합니다.

그런데 누구는 조막만한 틈으로 세상을 바라보고, 누구는 더 넓은 눈으로 바라보고, 또 누구는 훤칠하게 뻥 뚫린 눈으로 세상을 바라봅니다.

본래 내 업(業)이 그렇게 정해진 것이 아닙니다.

'업' 탓할 일이 아닙니다.

'업'의 그 본래 바탕자리는 모두가 공적한 '참나'로 동일합니다.

이 공부는 그 자리를 보고 그 자리를 깨치는 공부입니다.

본래부터 출가자, 재가자, 부자, 가난한 자, 성격 좋고 나쁜 사람, 능력있고 없는 사람 정해져 있던 것이 아닙니다.

'나'라는 틀을 스스로 만들어 놓은 고정된 울타리를 고집하다 보니 그 통 속에서 벗어나지 못해 만들어지는 결과일 뿐입니다.

통 속에서 빠져나오면 세상이 바뀝니다.

세상을 탓할 일이 아니며, 업을 탓할 일이 아니고, 부모나 나라를 탓하고, 상대를 탓할 일이 결코 아닙니다.

스스로의 그릇만큼 고정짓고 있는 '나' 라는 틀을 깨고 볼 일입니다.

그것은 온전한 내 문제인 것입니다.

그러니 일상으로의 탈출, 무언가 삶을 확~ 바꾸어 놓을 만한 '획기적인 일' 을 찾고 계시다면 그런 일이 일어날 수 있도록 나의 잣대를 변화시키면 되는 것입니다.

나의 그릇이 작으면 결코 많은 복을 담을 수 없습니다.

나의 틀이 변화하면 변화한 만큼 세상은 변하는 것입니다.

크게 한 생각 돌이켜 놓고 보면 참으로 자유로워집니다.

그런 상태로 여여하게 살아봅시다.

그래서 나날이 청정(淸淨)하게 살아봅시다.

오늘을 잡아라

슬픔이 있으면 기쁨이 있고,
기쁨이 있으면 슬픔도 있다.
그러므로 기쁨과 슬픔의 양 극단을 잘 조복시키고 다스려
선도 없고 악도 없었을 때
비로소 모든 집착에서 벗어날 수 있다.
지난날의 그림자만을 추억하고 그리워하면
꺾어진 갈대와 같이 말라비틀어지고 초췌해질 것이다.
그러나 지난날의 일을 참회하고,
현재를 성실하게 살아간다면
몸도 마음도 건전해질 것이다.
지나간 과거에 매달리지도 말고
아직 오지 않은 미래를 기다리지도 마라.
오직 현재의 한 생각만을 굳게 지켜라.
그리하여 지금 할 일을 다음으로 미루지 마라.
지금 이 순간을 진실하고 굳세게 살아가는 것,
그것이 하루하루를 살아가는 최선의 길이다.
_법구경

우리는 지나간 일에 지나칠 정도로 집착하고, 또 오지 않은 미래에 대해서 알려고 하는 사람들을 간혹 보곤합니다.

그것을 알려고 어디 어디가 용하다고 하면 오늘 할 일, 지금 당장 할 일도 내팽개치고 곧장 그리로 달려가 물어보곤 하는 사람들이 많은 것 같습니다.

그러나 오늘이 없으면 내일은 존재할 수가 없습니다.

또 지나간 과거는 되돌릴 수 없기에 그것 또한 존재할 수 없습니다.

오직 오늘, 아니 지금 이 순간만이 존재할 뿐입니다.

다만 과거를 거울삼아 지금 이 순간순간을 최선을 다해 생활하는 것, 그것이 우리들이 추구해야 할 삶일 것입니다.

부처님께서는 '과거를 알고 싶으면 지금의 내 모습을 보면 되고, 미래를 알고 싶으면 지금 내가 어떤 생각과 어떤 행동을 하는가를 알면 된다'고 하셨습니다.

지금 나는 어떤 생각과 행동을 하고 있는지 진심으로 뒤돌아봅시다.

연말(年末)의 결과가 스스로도 보이지 않습니까.

지금 이 순간에 최선을 다하며 삶을 사는 것이 불자가 아니라도 참 인간이 아닐는지요.

소욕(少欲)

욕심이 많은 사람은
이익을 구함이 많기 때문에 번뇌도 많지만,
욕심이 적은 사람은 구함이 적어 근심 걱정도 없다.
욕심이 적은 사람은 남의 마음을 사기 위해 아첨하지 않고,
마음이 편안해서 아무런 걱정이나 두려움이 없으며,
하는 일에 여유가 있고 부족함이 없다.
이것을 가리켜 소욕(少欲)이라 한다.

모든 고뇌를 벗어나고자 한다면
마땅히 만족할 줄 알라.
넉넉함을 알면 부유하고 즐거우며 평화롭다.
그런 사람은 비록 맨땅에 누워 있을지라도
편안하고 즐겁지만,
만족할 줄 모르면 설사 천상에 있을지라도
흡족하지 않을 것이다.
만족할 줄 아는 사람은
가난한 듯 하여도 사실은 부유하다.
이것을 가리켜 지족(知足)이라 한다.
_아함경

104

마음의 도리

된다, 안 된다,

자기 한정의 늪에서 벗어나세요.

그리고 자신의 능력을 무한히 가져다 쓰는 것입니다.

자기 한정이라는 것은 이미 아집(我執)이라는 자기 집착에 노예가 되었음을 의미합니다.

본래 내가 없고 상대가 없다면 나는 안 되고 상대는 된다는 분별도 사라집니다.

오직 상대가 할 수 있다면 당연히 나 또한 할 수 있게 됩니다.

힘겨운 일을 당해서도, 시험을 앞둔 수험생들도, 새로운 사업을 시작하면서도 스스로의 능력을 과소평가하는 마음은 버려야 할 첫 번째 관념입니다.

'할 수 있을까' 하는 나약한 마음이 반복되면 그 마음은 점차 실체화되어질 지도 모릅니다.

공부가 안 되어도 공부 안 된다는 생각, 시험 잘 볼 수 있을까 하는 생각은 일찍부터 버리시는 것이 좋습니다.

사업이 잘 안 되더라도 왜 이렇게 사업이 안 되지 하는 마음은 금물입니다.

혹은 누가 물어 오더라도 '잘 된다'고 이야기하심이 좋을 것입니다.

그것이 바로 잘 될 수 있도록 하는 마음공부, 마음연습이기 때문입니다.

마음도리라는 것이 그렇습니다.

본래 한정된 것, 정해진 것이 없기 때문에 무엇이든 마음 일으킨 대로 되어지게 되어 있습니다.

본래 우리의 마음속에는 모든 것이 원만하게 구족되어 있기 때문입니다.

다만 '될 수 있을까' 하고 의심하여 굳게 믿지 못하는 데서 일이 흐트러지기 시작하는 것이며, 구하지만 안 되는 이유는 오직 '나는 안돼' 하는 자기 한정의 마음 때문임을 명심하셔야 합니다.

이 세상이야말로 내 마음 닦은 그대로의 나툼입니다.

빌려준 돈 받지 못함도 내 마음의 탐심(貪心) 나툼이며, 주위 사람이 화를 내도 내 마음의 진심(嗔心) 나툼이요, 생각한 만큼 일이 잘 안되는 것도 내 마음의 치심(癡心) 나툼입니다.

밝은 마음 계속 연습하면 세상이 밝아지고, 어두운 마음 연습하면 세상이 어두워집니다.

내가 닦은 만큼 세상은 그만큼만 밝아질 것입니다.

에누리 없는 세상, 그것이 바로 '과의 철칙'이 아니던가요.

스스로 한정짓지 않고 텅 비어 무엇이라도 다 담을 수 있도록 밝게 열린 마음을 연습을 하세요.

'된다', '된다' 하는 마음 담아 두면 절로 되어지고,

'안 된다', '안 된다' 하는 마음 담아 두면

될 일도 그르쳐지는 것이 우리네 마음 도리입니다

나는
어떤 모습일까

중생들이 악업을 지어서 죽은 뒤에 악취(나쁜 곳)에 떨어지나니 이 때에 염마왕이 저들을 보고 딱하게 여기는 마음으로 그들을 꾸짖되

"너희가 인간에 있을 때
가히 늙고 병들어 죽는 것을 보지 않았는가?
이는 하늘의 신이 와서 보여 준 것이거늘
어찌하여 방종하고 안일하여
깨달아 알지 못하고 몸과 입과 생각으로
여러 가지 경계(색, 성, 향, 미, 촉, 법)에
물들어 베풀고 삼가는 등의
자기를 다스리는 법을 행하지 않았으니
이렇게 하고서야
어떻게 앎이 있는 사람이라 이름하겠는가?
이익이 되는 인연을 짓지 않았음이로다."
_기세경

이 말씀은 우리들로 하여금 깊은 반성을 하게 하는 말씀입니다.
우리가 이 세상에 살면서 어떤 행위, 어떤 일을 하며 지내고 있습니까?

모든 사람들로부터 칭찬을 받고, 하늘의 신들로부터 복을 받을 행위를 하면서 살고 있는지요?

아니면 사람들로부터 욕을 먹고 비난을 받으며, 하늘의 신들로부터 꾸지람을 들을 행위를 하면서 살아가고 있는지요?

남으로부터 칭찬받는 일보다 욕을 먹고 비난을 받는 일을 더 많이 했다면 그것은 분명히 악업을 지은 것입니다.

이런 악업을 지었다면 이 세상을 살아가는 데 있어서 즐겁고 평화롭기 보다는 고통스럽고 불편한 것이 더 많을 것이며, 죽은 뒤에는 반드시 나쁜 세상에 태어나 심한 고통을 받는 일이 끊이지 않게 되는 것입니다.

우리가 이 세상에 사람으로 태어나 살다가 잘못을 저지르고 무서운 지옥에 가는 것은 그리 중요한 일이 아닙니다.

인간이면서 인간답지 못하고 인간의 대우를 받지 못하며 이 세상을 살아가는 것이 더 큰 문제일 것입니다.

나는 어떤 모습으로 사람들에게 보여질까 곰곰이 생각해 보는 시간을 가져 봅니다.

인생의 즐거움

남에게 빚진 것 없고
아까워할 일이 없는 것은
하찮은 즐거움이라 하고,
재산이 있어서
남에게 베풀어 줄 수 있는 것은
보통의 즐거움이며,
몸과 입과 뜻으로
깨끗이 행동하고 지혜로움이 있어
많은 진리의 가르침을 즐겨 들을 수 있는 것은
최상의 즐거움이라 하나니
현명한 사람이 실천할 일이니라.
너희들은 오늘부터 이 목숨이 다할 때까지
어른과 어린이들에게 서로 가르쳐서
이 중에서 최상의 즐거움을
얻는 법을 행하게 할지어다.
_대반열반경

인생의 즐거움이란 어떤 것일까요?
돈을 모으고 잘 먹고 잘 입는 것이 인생의 즐거움이라고, 생각하는 분들도 있을 것이고, 남녀 간에 사랑을 나누고, 호의호식하면서 출세하여 이름을 날리는 인간의 본능적인 욕망을 채우는 것이 인생의 즐거움이라고 하는 분들도 있을 것입니다.

그러나 이런 생각들은 참된 즐거움이 될 수 없으며, 오래가지 못하는 순간적인 것이라는 사실을 부처님께서는 가르치고 계십니다.

우리네 인간의 욕망이란 한도 끝도 없어 다 채워질 수 없을뿐더러 언젠가는 고통이 따르기 마련입니다.

우리 주위에는 돈과 사랑의 향락에 빠져 패가망신하는 사람들, 호화판 과소비의 생활에 빠져 망한 사람, 명예를 위해서 망한 사람들이 부지기수로 많이 있습니다.

이 모두가 인생의 참된 즐거움을 모르고 살다가 신세를 망치는 어리석은 사람들인 것입니다.

그러면 진정으로 인생을 즐겁게 이끌어 가려면 어떻게 해야 할까요?

부처님께서는 몸과 입과 뜻으로 깨끗한 행위를 하고 지혜로움으로 진리의 가르침을 많이 듣는 것을 즐겨해야 한다고 하셨습니다.

부처님께서는 인생에 있어서 참으로 즐거움이 되는 것은 순간적이고 감정적인 즐거움이 아니라 영구적이고 이상적인 즐거움이라고 가르치신 것입니다.

이상적인 즐거움이란 들끓는 욕망의 향락에 빠지는 것이 아니라 마음에 평온과 고요가 깃들고 밝은 지혜가 솟아나 세상일에 두려움이 없고 의심이 없으며 떳떳하고 깨끗하게 살아가는 데서 생기는 즐거움을 말합니다.

감사

주어진 것에 만족할 줄 알아야 합니다.

더 갖겠다는 욕심은 빚을 더 지겠다는 것이니 어찌 일생을 통해 빚 잔치나 하고 살아가려 하느냐는 물음입니다.

그렇기에 우리는 분수와 만족을 넘어 은혜에 감사하고, 스스로 할 수 있는 성의를 다 기울여서 회향해야만 합니다.

먼저 감사한 줄 알아야 갚을 마음도 생깁니다.

감사한 줄 모르는데 베풀고 나눌 마음인들 생기겠습니까.

실은 베푸는 것도 나누는 것도 없습니다.

오직 되갚음이 있을 뿐입니다.

감사하게 느끼니까 의당 갚아야 하겠노라는 마음이 생깁니다.

절로 무주상이 되는 것입니다.

그러나 우리는 대체로 일상 속에서 감사할 줄 모릅니다.

특별하게 주고받는 관계가 아니면 으레 그러려니 생각합니다.

그래서 오종대은(五種大恩)만이라도 명심하여 잊지 말라고 가르칩니다.

얼마나 은혜를 모르고 살면 아침마다 이를 외우라고 했겠습니까.

하물며 땅의 은혜, 물 불 바람의 은혜이겠습니까.

쓰레기를 마구 버리고 공기를 더럽히고 물을 오염시키는 짓을 아무렇지도 않게 저지르고 있는 것입니다.

먼저 지금의 나 자신에게 감사해 보세요.
내 정신이 바르고 사지가 멀쩡하다는 사실에 감사해 보세요.
팔이 하나 없는 사람, 다리에 장애가 있는 사람, 몸에 병이 들어 고통받는 사람이 가장 간절히 바라는 것은 온전한 사지육신, 건강을 되찾는 일일 것입니다.
그에 비하면 지금의 나 자신에게 어찌 감사하지 않을 수 있겠습니까.
그런 다음에 감사의 대상을 주변으로 확대시켜 보세요.

내 가족 한 사람 한 사람이 감사한 존재로 마음에 떠오를 것입니다.
내 이웃, 내 직장의 동료 중에도 감사하게 느껴지는 얼굴이 생각보다는 많을 것입니다.
나아가서는 저 푸른 하늘도 감사하고 바람, 물, 불에도 감사할 일이 있음을 느끼게 될 것입니다.
부루나존자는 부처님의 질문에 이렇게 대답을 했습니다.

"남이 나를 비방한다면 그가 몽둥이를 들지 않음에 감사할 것이고, 그가 몽둥이를 들고 덤빈다면 칼을 들고 찌르지 않는 데 감사할 것입니다.
그가 나를 찌른다면 죽이지 않는 데에, 그가 나를 죽인다면 옷을 벗게 해준 데에 감사하겠습니다."

그렇게까지는 못하더라도 나를 위해 베풀어 주고 나눠주는 데에 감사하지 못할 것인가요.

감사할 줄 알면 공감하게 되고 공감을 하면 공생이 되고 공생이 되면 내게 기쁨이 찾아옵니다.

평생 빚지고 살지 않으려거든 주위에 감사의 마음을 보내세요.

그것은 마땅히 해야 하는 갚음입니다.

자기를
바로 보세요

자기를 바로 봅시다.

현대는 물질만능에 휘말리어 자기를 상실하고 있습니다.

자기는 큰 바다와 같고 물질은 거품과 같습니다.

바다를 봐야지 거품은 따라가지 않아야 합니다.

자기를 바로 봅시다.

모든 진리는 자기 속에 구비되어 있습니다.

만약 자기 밖에서 진리를 구하면,

이는 바다 밖에서 물을 구함과 같습니다.

_성철스님

마음을 여의고 보면 아무 것도 없다는 것입니다.

행복하다, 불행하다 하는 것도 마찬가지입니다.

사실 육체가 편해야 행복하다는 생각도 마음에서 일어나는 것이며, 육체에서 일어나는 것은 아닙니다.

그런데도 사람들은 마음에 대한 각성은 없이, 그저 육체에만 매달려 그 욕망을 따라가며 충족시킴으로써 행복을 얻으려고 하니, 근본적인 생각부터 어긋나 버리고 맙니다.

사람의 욕망이란 것은 끝이 없습니다.

아무리 육체를 중하게 여겨 그 욕망을 채워주고 보호해 준다 해도, 그 욕망이란 만족되는 경우가 없습니다.

알고 보면 만족한다, 안 한다 하는 생각도 마음이 하는 것이지 육신은 그저 끝없이 욕망을 일으킵니다.

정신에 결핍이 생기면 아무리 맛있는 음식을 배불리 먹는다 해도 마치 목마를 때 소금물을 마시는 것과 같이 갈증만 더할 뿐 행복해질 수 없습니다.

욕망이란 것이 본래 정해진 한도가 있다면 그것을 다 채운 후라면 모를까, 그 욕락이란 끝이 없는 겁니다.

어떠한 현실이라도 바른 눈으로 볼 때는 다 정리가 되고 이해가 되며, 대치되는 것은 하나도 없습니다.

이치가 다 그렇지 않습니까?

그런 의미에서 모든 것이 마음 여의면 하나도 없다는 것입니다.

마음을 없애 버리면 우주가 다 빈껍데기 아닙니까?

이 마음은 한계가 없습니다.

빛깔이 있다든지, 모양이 있다든지, 냄새가 있다든지 하면 한계가 있는 것이지만, 마음은 그런 한계가 없으니 어떠한 것을 포용해도 조금도 구애받지 않습니다.

그러니까 어떤 복잡한 사건이라도 다 마음속에서 해결되는 것이며, 마음 따로 있고 현실 따로 있는 것이 아닙니다.

마음을 비우면 무한한 우주를 담을 수 있는 이치를 모르고, 집착에 이끌려 무한한 우주 속에서 티끌하나 가지려고 아등바등하는 것이 바로 우리네 중생의 인생사들입니다.

물질에 대한 욕심을 아무리 부려봐야 환멸만 있을 뿐입니다.

그래서 불교는 물질에 달관하여 탐착하지 말라고 말하고 있는 것입니다.

참으로 부처님 말씀대로 이 세상을 살다보면 세상사가 참 편안합니다.

사람이 자기 할 도리를 다하니 나쁠 것이 없고 떳떳하게 되는 것입니다.

자존심도 세워지고 깨끗하게 되는 것입니다.

모든 물건은 나눠 쓸 줄 알고, 남들이 꺼려하는 일들을 솔선수범(率先垂範) 할 줄 알게 됩니다.

또한 "내가 이 세상에 나온 것은 부처가 되기 위해 왔지, 오욕락(五慾樂)에 치우친 짓을 하기 위해 온 것은 아니다" 라는 생각을 갖게 돼 타성에 젖지 않게 됩니다.

한층 마음을 냅시다.

자기 마음을 스스로
건질 수 있을까요

지금은 말법시대라고들 합니다.

정말 고요히 관해 보십시오.

이 사회가 어떻게 돌아가고 있는지를 마음속의 중생이란 삿되고 어두운 생각, 망령되고 진실하지 못한 생각, 착하지 못한 생각, 질투하는 생각, 악독한 생각, 이와 같은 생각이 모두 중생이라지만 저마다 자기 마음을 스스로 건지는 이것이 참으로 건짐입니다.

그럼 어떻게 해야 자기 마음을 스스로 건질 수 있을까.

자기 마음속의 그릇된 소견과 번뇌와 무지를 바른 견해로써 지혜로 하여금 어리석음을 깨뜨리고 스스로 건지게 합니다.

항상 마음을 낮추어 참되고 바르게 행동하며, 미혹도 버리고 깨달음에서도 떠나 항상 지혜를 내며, 참된 것도 없애고, 망령된 것도 없애어, 스스로 마음을 잘 쓰고 있는지 돌아보고 참회하고, 올바로 행한다면 부처님의 가피는 언제나 함께 할 것입니다.

반드시 서원을 세워서 행하십시오.

누군가에게 은혜를 입었다면 그때 그 당시에만 감격하고 눈물나게 고마워 할 일이 아니라 반드시 갚겠다는 서원을 세워 간절하게 행하여 보십시요.

그러면 그 은혜의 열 배, 백 배 갚을 수 있는 능력을 부처님께서는 가피하십니다.

그런데 마음을 곱게 쓰지 않고 은혜를 입고도 자기 복인냥 은혜를 잊고 산다면 그는 열흘도 안 되어 또다시 어려움에 봉착하게 됩니다.

주변을 한번 돌아보십시요.

그런 중생들 많습니다. 어렵다고 안면만 있으면 어떻게라도 해서 불쌍한 표정, 저자세로 사정하고, 동정을 구하기도하면서 가까운 날 갚겠다고 약속하고 돈이나 물질을 꾸어갑니다.

문제는 그런 연후부터입니다.

그날부터 입장은 180도로 바뀝니다.

꿔준 사람이 돌려받으려고 온갖 방법으로 회유하고 사정하고 이것이 지금 우리사회의 현실입니다.

돈이나 물질이 풍부해서 꿔주는 사람은 아무도 없습니다.

오히려 그런 사람은 높은 이자의 고리대금으로 치부하고 살려고합니다.

나는 신도들에게 항상 이런 말을 합니다.

고리대금을 생업으로 삼지말라.

"지옥가는 (차비)지름길이다."

건물로써 집세를 받음을 생업으로 하지 말라.

가족이 무능해지고 어리석어지는 등 "현세에 악업을 받는다"

이미 업으로 삼고있다면 어찌해야 하는가?

집주인으로써 군림하려는 마음을 버려라.

그리고 반드시 고마운 마음으로 환원하라.

10%정도는 항상 떼어내어 그에게 생필품이나 기호품으로 선물(환원)로써 꼭 보시행을 하라.

당신의 10%가 아깝다는 생각이든다면 매달 100%를 내는 상대방은 어떻겠는가?

그는 수입의 몇 %를 집세로 내는지 가진자의 입장에서 헤아리고 선재(善載)하라.

또다시 신도님들에 늘 하는 말입니다.

돈을 빌릴 일이 있으면 반드시 갚겠다는 서원을 진심으로 간절히 하라.

그러면 반드시 돈은 얻어지리라.

돈을 얻음에 반드시 감사한 마음과 진심을 내어 갚을 것을 서원하라.

그러면 그 몇 배로 갚게 되도록 부처님은 가피를 내릴 것이다.

그 반대로 자기 복으로 생긴 공돈인 냥 꿀 때의 입장을 잊고 산다면 불과 얼마안가서 후회할 일이 반드시 생기나니 그때 가서 참회한들 아무 공덕이 없는 것이다.

자기 마음속의 그릇된 소견과 번뇌와 무지를 바른 견해로써 어리석음을 깨뜨리고, 항상 마음을 낮추어 참되고 바르게 행동하며, 항상 지혜를 내며, 스스로 마음을 잘 쓰고 있는지 돌아보고 참회하고 올바로 행한다면 부처님의 가피는 언제나 함께 할 것입니다.

행복의 원천

행복의 원천이 하나 있습니다.

포기하거나 마음을 비우는 것이지요.

여러분을 행복하지 못하게 막는 유일한 장애는 아마 여러분이 버리거나 비우지 못하고 있는 바로 그것일 수도 있습니다.

만약 행복에 대한 어떤 관념을 품고 있다면, 여러분이 행복하지 못하도록 막는 것이 바로 그 관념일지 모릅니다.

이런 저런 것은 꼭 가져야 하고, 이런 저런 일은 절대 일어나지 않아야 한다는 식이죠.

지금까지 당신의 행복에 꼭 필요하다고 생각해온 것들을 포기하기 바랍니다.

그게 사람일 수도 있고, 주택일 수도 있고, 욕망일 수도 있고, 관념일 수도 있습니다.

그러면 행복할 수 있습니다.

그런 것을 뒤로 버리고, 더 이상 그런 것의 희생이 되지 않는 것이 아마 행복의 진정한 조건이 될 것입니다.

많은 사람이 마음을 비우지 못합니다.

그 때문에 지속적으로 고통받고 있습니다.

불교 수행의 목적이 뭡니까?

여러분 자신을 자유롭게 풀어놓는 것입니다.

스스로 자유인이 되어 보세요.
자유인처럼 앉고, 자유인처럼 걷고, 자유인처럼 호흡해 보세요.
그러면서 여러분 속에 도사리고 있는 노예의 뿌리를 찾아내십시오.
여러분은 자신의 욕망과 화와 두려움의 노예가 돼 있습니다.
그것을 찾아 그것이 여러분의 마음에서 쑥 빠져 나가게 내버려 두십시오.

단순한 삶은 행복의 또 다른 원천입니다.
단순하고도, 마음을 다하는 행복이란 삶의 중요한 부분일수록 놓아 보는 겁니다.

자신의 심성을
밝히면……

모든 일이 사람의 마음으로 인해 통하기도 하고, 막히기도 하고, 장애가 생기기도 하고, 애로가 쉽게 해결되기도 합니다.

마음을 어떻게 쓰느냐에 따라 자기가 지은 만큼 복을 받기도 하고, 잘못하면 벌을 받는 것이지 다른 누가 밥상차려다 주듯 복을 짓게 되는 것이 아닙니다.

벌을 받는 것도 누가 다른 사람이 떠밀어 주듯 받는 것도 아닙니다.

행동을 잘못하면 스스로 벌이 되는 것이고 행동을 잘하고 마음을 잘 쓰면 복이 스스로 오는 것입니다.

탐진치로 인해 자신이 스스로를 결박하고 있는 것이 우리 현실입니다.

그러므로 탐진치만 없앤다면 스스로를 옭아맨 괴로움이 없어지는 것입니다.

자신이 스스로를 묶고 있고 자신이 자신을 괴롭히고 있는 그것을 푸는 것이 바로 해탈입니다.

자신의 마음이 탐욕으로 흐려 있지 않을 때, 노여움으로 끓고 있지 않을 때, 어리석음으로 덮여 있지 않을 때, 무엇이든 있는 그대로 올바로 볼 수 있는 상태를 가질 수 있는 것입니다.

그것이 바로 부처님 가르침의 기초가 되는 정견(正見)이며 일체법의 참다운 실상을 아는 지혜를 얻는 길입니다.

그 여실지견(如實之見)을 얻으려면 우선 탐욕, 노여움, 어리석음으로 흩어져 있는 마음을 가다듬고 맑고 고요한 마음가짐을 되찾아야 합니다.

자신의 심성을 밝히면 바로 부처라 했으므로 자기 자신의 탐진치만 방생하면 바로 해탈이 되는 것이죠.

법우님들은 스스로를 방생하고 해탈을 얻는 참공부를 하시기 바랍니다.

청정한 마음

불교는 마음을 갈고 닦고 기르는 공부입니다.
마음을 닦는 것이 수심(修心)이요,
마음을 기르는 것이 양심(養心)이며,
마음을 쓰는 것이 용심(用心)이고,
마음을 잡으면 섭심(攝心)이라 합니다.
그러면 평소에 어떤 마음을 가져야 하느냐.
어떤 마음을 가져야 극락이고, 마음을 잘 쓰는 것이냐.

첫째, 청정한 마음을 가져야 합니다.
광명정대한 마음, 청풍명월 같은 마음을 가져야 합니다.
임제선사께서도 "청정심이 부처"라 했어요.
청정한 마음 깨끗한 마음은 부귀나 권력에도 휘둘리지 않습니다.

두 번째는 감사하는 마음입니다.
부처님 은혜, 부모님 은혜, 스승의 은혜, 중생의 은혜에 감사하는
마음을 잊지 말아야 합니다.
이 세상에 홀로 존재하는 것은 아무것도 없습니다.
쌀 한 톨의 생산에도, 우리가 사는 집도, 자연의 수고와 수많은 사
람이 관여하여 이루어낸 결과물입니다.

주의깊게 살펴보면 감사할 일은 많습니다.

감사하는 마음이 확산될 때 이 세상은 밝아지고 평화로워집니다.

세 번째는 용맹심을 잊지 말아야 합니다.

효봉스님은 38세 때 금강산 신계사 보은암에 입산하여 8년 동안 장좌불와와 오후불식으로 정진하셨습니다.

한번 앉으면 일어나는 것을 잊을 정도로 용맹 정진하셨지요.

한번 목표를 세우면 그렇게 용맹심으로 밀어붙여야 성취가 되는 법입니다.

선은 정신집중이고 공안에 대한 의심입니다.

강력한 정신집중을 하기 위해 참선을 하는 것이지요.

오롯하게 정신집중하여 이 마음을 깨쳐야 인간존재의 진면목을 알 수 있게 됩니다.

참선을 하여 자성을 깨치면 생사를 해탈하고 선악의 근본을 알고 우주와 내가 둘이 아닌 이치를 알게 됩니다.

나라는 집착을 버리고 무명을 깨뜨리고 본래의 청정한 나로 돌아가고자 하는 것이 참선입니다.

참선이란 욕망과 아집으로 뭉쳐있는 삶을 근원적으로 비판, 탈각해서 진실하고 자비롭게 살자는 것입니다.

우주의 본질을 보고 내 생명의 본질을 깨닫고, 만 가지 다른 모습에서도 본 성품을 보고 결국 나의 생명이나 우주의 모든 중생이 근본은 같다는 것을 깨닫는 것이 부처님법입니다

나라는 인간이 무엇인지, 자기의 본래 면목이 무엇인지 모른다면 어떤 일도 제대로 할 수 없습니다.

이 세상이 말세가 되어 혼탁한 것은 자기 자신을 모른 채 가아(假 我)에 정신이 팔려 모두가 진실한 참나에 관심이 없기 때문입니다.

아기처럼
순수하게 삽시다

한가하고 마음 편한 사람이 공부하는 것이 아니라 답답하고 급한 사람이 하는 것이 공부입니다.

중생살이란 것이 우리가 물에 빠져 허우적거리는 것과 마찬가지입니다.

그리고 우선 그 물에서 기어 나오는 방법, 그것이 수행입니다.

따라서 생활을 여위고 수행이란 있을 수 없습니다.

사실 불법에 접한 중생들은 금방 수행의 세계에 들어가지지 않습니다.

첫숟갈에 대번 배부르지 않듯이 금방은 되지 않지만 노력하다 보면 서서히 그 길에 들어서게 되지요.

가령 누가 화를 돋우면 종전에 하던 습관대로 화가 나서 끌려가기 십상입니다.

그러나 공부하자고 한번 마음먹고 조금만 마음을 가라 앉혀도 "아차" 하면서 내가 이래서는 안 되겠다고 반성을 하게 됩니다.

그렇게 해서 하나의 커다란 의심을 가지고 몰두해서 화두를 할 때 믿고 의지하는 스승이 "뜰 앞의 잣나무가 부처다"라고 한마디하면 의심이 목에 탁 막힙니다.

나에게는 잣나무로 밖에 보이지 않는데 뜰 앞의 잣나무를 부처라 하니 그 선지식이 거짓말을 할 턱은 없고 뜰 앞의 잣나무를 부처는 부처일 테니, 의심이 없으려야 없을 수 없지요.

그런데 이런 큰 의심에 부딪쳐서도 대개는 주변경계에 끄달려 그 의심을 놓치기가 쉽습니다.

그러니까 울리면 울고 웃기면 웃으며 그만 그 의심을 놓쳐 버리고 다시 붙잡았다가도 또 놓쳐 버립니다.

물론 깊이 몰두해 왔던 끝이라 곧 "아! 내가 놓쳤구나" 하고 깨닫기는 합니다.

생활이 수행이 된다는 것이 이렇듯 쉽지는 않습니다.

그런데 이렇게 안 되는 것이 쌓여질 때 비로소 되는 것이지, 안 되는 것 없이 되는 게 아닙니다.

어린아이가 걸음마를 배울 때도 어떻습니까?

단번에 잘 걷는 아이는 거의 없습니다.

처음에는 자꾸 넘어집니다.

그러면서 무릎도 깨고 코도 깨지고 쉽지 않습니다.

만약 이렇게 안 된다고 해서 중간에 포기하는 아기는 없습니다.

그렇게 안 되는 과정을 무의식적으로 자꾸 반복해서 노력하다보면 결국 나중에는 (어느 날 갑자기) 잘 걸을 수 있는 것입니다.

이렇게 안 되는 과정 과정이 자꾸 쌓여질 때 결국에는 되는 것이니 사실 안 되는 것이 바로 되가는 것이라 하겠지요.

아기처럼 순수하게 살자는 겁니다,

마음의 빛과 여유

모든 생각을 집중하면 마음이 밝아오고 정신이 맑아져 매사에 판단도 빠르고 정확해집니다.

그러나 평소 우리 마음은 탐.진.치. 삼독의 그림자에 가려져있기 때문에 모든 판단도 더디고 사고가 흐려져 있는 것이지요.

마음이 맑으면 마치 맑은 거울에 검은 것은 검게, 붉은 것은 붉게 나타나듯 그대로 순간순간 비춰 보입니다.

자신의 흐르는 생각과 바깥 상황을 아무 구애없이 정확하게 비춰 줍니다.

거울이 물건을 비출 때 이리 저리 생각해서 비추는 것은 아닙니다.

정신의 힘이 크다는 것도 이런데 있습니다.

이렇게 참선하듯 수행해서 집중하게 되면 언제 어디서 무슨 일을 하든지 흐린 생각이 없습니다.

그래서 밝은 생각이 산 너머도 본다는 말이 있습니다.

이것이 수행이지요.

수행을 늘 하여 익숙해지면 자연히 화두에 생각을 집중하게 됩니다.

수행하기 전에는 누가 화를 좀 돋우면 금방 똑같이 "욱"해 가지고 대꾸 합니다.

그러나 우리가 하루 24시간 항상 일상생활을 그대로 수행하는 마음으로 채운다면 적탄을 막는 갑옷처럼 여러 갈래로 흩어진 생각들을 정리할 수 있는 마음의 빛과 여유가 생깁니다.

화를 돋우어도 웃을 수 있고 급할 때도 고요한 마음을 갖게 되는 것이 수행하는 마음이지요.

수행이란 그만큼 우리 실생활에 이익이 되는 것이지요.

모든 중생들은 너무 복잡하게 매일을 마음의 안팎에서 살려니까 신경쇠약에 걸리고 노이로제로 괴로워하며 온갖 청량제를 먹고 약을 먹고 이럽니다.

그러나 일상생활 속에서 수행을 하게 되면 모든 마음이 하나로 집중되어서 잠깐 앉아서 정리를 하면 머릿속이 시원해집니다.

이렇게 머리가 항상 상쾌하면 모든 산란심이 가라앉아 자기를 발견하게 됩니다.

이 세상 어떠한 물건도 한자리에 동시에 놓을 수 없습니다.

한쪽으로 밀어붙여 놓고 자리를 비워야 그 자리에 놓을 수 있습니다.

그런 이치로 화두를 하나 점령해 놓으면 어디에든 망상이 침투하지 못하는 것입니다.

이렇게 되니 화두라는 것이 마음의 광명이지요.

수행이 익숙해지면 생각이 화두 하나로 모아지기 때문에 마음이 밝고 늘 한가합니다.

수행의 이치는 생활의 순간순간이 바로 그렇게 밝고 시원하게 진행되는데 있습니다.

이 이치를 알아 우리의 생활이 그대로 수행이 되도록합니다.

기쁨과 행복

우리는 일반적으로 자기가 하고 싶은 일을 하고, 마음에 드는 사람들과 살며, 넓고 쾌적한 환경에서 생활할 수 있는 것을 행복이라 생각합니다.

그러나 이 행복은 외부적인 조건이 갖춰져야만 합니다.

늘 깨어있다는 그 자체가 행복이라는 생각을 키워 나가야 합니다.

그래서 그러한 순간을 일상에서 조금씩 늘리는 것으로 수행을 삼으세요.

그러면 점차 마음이 편안해지고 밝아져서 세상을 바라보는 지혜가 생겨납니다.

존재하는 모든 것은 끊임없이 변화하고 있다는 실상을 깊이 체험하게 되고, 집착을 조금씩 덜게 됨으로써 삶의 모든 문제에 급급하지 않고 점차 이상에서 초연해지고 자유로워집니다.

계를 지키고 선한 공덕을 쌓는 것은 밖으로부터 자신을 안으로 고쳐가는 것입니다.

화두를 들고 수행하는 것은 자신을 안에서 밖으로 나오게 하는 것이라 생각하면 됩니다.

그리고 화두를 앞세워 놓고 일상생활을 해나가려 하지 말고, 지금 현재 자기가 붙들고 있는 일을 평소보다 적극적으로 재미있게 하는 것부터 출발해야 합니다.

그렇게 자기가 해야 할 그때그때 상황에 따른 일을 잘 해나가다 보면, 자신으로 인해서 기쁨이 생겨나고 그곳에서 만들어진 행복감이 차분하게 자리를 잡습니다.
그리고 마음에는 여유가 생깁니다.

그 마음 바탕에 '이뭣꼬' 라는 알 수 없는 의심을 챙겨야 합니다.
백 번 듣는 것보다 한 번 보는 것이 더 낫고, 백 번 보는 것보다 한 번 행하는 것이 더 낫고, 백 번 행하는 것보다 한 번 깨닫는 것이 더 소중합니다.

오늘 · 지금 · 여기

중생들의 가정과 일터가 곧 부처님의 처소입니다.
지금 여기가 그대로 도량입니다.
순간순간이 그대로 영원이요 무한입니다.
지금 눈앞에 펼쳐진 숨 쉬고 있는 오늘을 제대로 알아야 합니다.
우리들 누구나 수행자입니다.

세속의 인연을 떨쳐버리지는 않았다 해도 우리는 모두 수행자입니다.
수행자이기에 우리는 지금 이 순간이 매우 소중함을 알아야 합니다.
왜냐하면 순간순간마다 내가 내 인생의 밭에 뿌린 마음의 씨앗은 영겁을 두고, 어느 때이든 싹이 트고 자라나서 반드시 되돌아 올 것이기 때문입니다.

좋은 씨앗을 뿌리면 좋은 과보가 돌아 올 것이고 게으른 마음을 심으면 보잘것없는 결과가 돌아올 것이며, 나쁜 씨앗을 뿌리면 나쁜 열매가 열릴 것입니다.
어찌 한순간인들 방심할 수 있겠습니까.

내가 지금 할 수 있는 최선의 씨앗, 가장 질 좋은 씨앗을 뿌려야 하는 것입니다.

사람들은 누구나 살아있는 동안에 괴로운 일은 나로부터 멀리 있기를 바라고, 오로지 즐거운 일, 흡족한 과보는 내 것이기를 간절히 원합니다.

물론 그것은 가능합니다.

누구에게라도 가능한 일입니다.

살아서 움직이는 순간순간이, 나의 일거수일투족이 선행이고 지금 여기가 그대로 수행처라면 충분히 가능합니다.

중생들은 오늘보다 내일을 더 생각하고 내일에 희망을 겁니다.

내일이면 사정이 더 좋아지겠지, 오늘은 여건이 적당치 않으니 내일을 기약하자……는 식에 더 익숙합니다.

그러나 내일은 없습니다.

오늘만이 있을 뿐입니다.

내일이 있다면 그것은 오늘의 결과로서 내일이지 오늘과 다른 내일은 없습니다.

앞으로 다가 올 모든 내일은 오늘 속에 있습니다.

오늘 최선을 다 하면 최선의 내일이 그 속에 있고, 오늘 방일하면 흐트러진 내일이 또 그 속에 있습니다.

그러므로 희망찬 내일을 바라거든 오늘을 희망차게 살아야 합니다.

기쁨의 내일을 바라거든 오늘을 기쁘게 살아야 합니다.

내일이 보람되기를 바란다면 오늘 속에 보람을 심어야 하는 것입니다.

오늘 · 지금 · 여기는 내 인생에 있어서 가장 젊은 상태로 주어진 절호의 찬스이며 황금의 기회입니다.

고운 일을 하면
고운 밥을 먹습니다

문수보살이 보수보살에게 묻습니다.
"불자여, 사람은 똑같이
흙·물·불기운 바람기운으로 이루어져 있어서
다 같이 나와 내 것이 없는 터인데,
어찌하여 어떤 사람은 괴로움을 받고,
어떤 사람은 즐거움을 받으며,
어떤 사람은 단정하고,
어떤 사람은 추악하며,
어떤 사람은 현세에서 과보를 받고,
어떤 사람은 후세에 가서야
과보를 받게 되는 것입니까?"

이에 보수보살은 이렇게 대답하였습니다.
"그 행위를 따라서 과보의 차이가 생기는 것입니다.
비유하자면 맑은 거울이 그 대하는 사물의 모양에 따라
비추는 모습이 각기 다른 것과 같습니다.
업의 본성(本性)도 이와 같아 밭에 뿌려진 씨가
각기 스스로 느끼지 못하지만

저절로 싹을 틔우는 것과 같으며,

환술사(幻術師)가 네거리에서

여러 몸을 나타내는 것과도 같습니다."

고 하였습니다.

_화엄경

우리가 일상생활을 하면서 인과라는 말을 많이 씁니다.

'인과를 알아라', '인과를 두려워하라',

'인과응보를 믿지 않는 사람은 어리석은 사람이다' 등

인과라는 말을 깊이 새겨서 부끄럽지 않고 후회 없는 인생이 되게 하기 바랍니다.

인과(因果)는 원인과 결과를 말합니다.

어떠한 사물이나 일에도 일어난 원인이 있으며, 그 원인에 따라 결과가 생깁니다.

즉, 원인이 있으면 반드시 결과가 있고, 결과가 있으면 반드시 그 원인이 있다고 하는 것이 인과의 이치입니다.

사람의 행위에 따라 좋은 업인(業因)을 뿌리면 반드시 좋은 열매가 맺어지고, 나쁜 업인에는 악의 과보가 따릅니다.

이것을 선인선과(善因善果) 악인악과(惡因惡果)라고 합니다.

엄밀히 말하면 선인낙과(善因樂果) 악인고과(惡因苦果)라고 할 수 있습니다. 이를 속담에는, '콩 심은데 콩 나고, 팥 심은데 팥 난다' 하였으며, '덕은 닦는 대로 가고 죄는 지은 대로 간다' 고도 하고, '고운 일을 하면 고운 밥을 먹는다' 고 하였습니다.

좋은 업을 짓도록 매진합시다,

참된 나의 것

"삶" 가운데서 얻어지는 정보와 지식을
참된 나의 것으로 하기 위해
가장 중요한 작업은
결국 나 자신의 마음에 달려 있습니다.

많은 지식을 받아들여 검토하고 판단해서
나의 것으로 만드는 작업은
참으로 중요한 작업이라 아니 할 수 없습니다.

아무리 많은 정보를 받아들이고
많은 지식을 받아들인다 해도
결국은 나 자신이 얼마나
나의 것으로 할 수 있는가의 문제는
자신에게 달려 있습니다.

고요한 마음으로 자신에게 돌아와
대상을 응시하는 자세가 될 때
비로소 얻어진 정보와 지식을
참된 나의 것으로 만들 수 있습니다.

주인의 위치에 서서 모두를 검증하고
판단하는 자세를 통해
꼭 필요한 정보들만을 골라서
나의 것으로 만들 수 있는 것입니다.

정보들을 얻어듣고 그냥 지나친다면
의미없이 소귀에 경을 읽듯이
참으로 어리석은 행동일 것입니다.

부처님께서 설하신 팔만사천법문들은
귀하지 않은 것들이 없습니다.
그중에 한 가지만이라도 얻어듣고
나의 것으로 만들 수 있다는 것은 불자가 아니라도
커다란 복이 아닐 수 없는 것입니다.
부처님 법문은 때에 따라서는
이해가 어려운 부분이 없지 않겠지만
그럴수록 분심을 내어 공부하고 탐구해서
나의 것으로 만드는 작업들을 해야 합니다.

주인공

나 스스로의 마음이란 것은 한마음과 연결되어 있어서 그 근본이 다르지 않습니다.

나의 근본이 곧 만법의 근본인 것입니다.

그것을 이름하여 주인공이라 합니다.

주인공은 본디 태어나는 일도 없고 죽는 일도 없습니다.

주인공은 육안으로 볼 수 없고 생각으로 잡히지 않지만 영원하고 크나큰 나란 것입니다.

위대한 지혜의 빛나는 힘이 있고 청정하여 변함이 없습니다.

또한 헤아릴 수 없는 능력을 갖추고 있습니다.

중생은 모습이 다르고 이름이 다르고 차원이 다르고 나고 죽고 하지만 주인공은 다만 하나가 만 개로, 만 개가 하나로 도는 가운데 여여하니 이를 일컬어 또한 부처, 자성불이라 하는 것입니다.

그리하여 주인공을 통해 중생과 부처가 만나고, 둘이 아니라 하는 것입니다.

주인공은 나의 시작이며 끝이요,

나의 궁극이며 목적입니다.

나를 있게 한 이도 주인공이며 나를 데려갈 이도 주인공입니다.

나를 곤경에 빠뜨리는 것도 주인공이며, 나를 그 곤경에서 구해 주는 것도 바로 그 주인공입니다.

주인공은 내 속의 나 또는 참나라고 말할 수 있는 것입니다.

마음 내고 말하고 보고 듣고 걷는 일체의 행동을 하게 하는 것도 바로 그 주인공입니다.

이 주인공이 있음으로써 중생은 고통과 어려움에서 벗어나 누구나가 참 자유인이 될 수 있는 것입니다.

자신의 내부에 있는 그 광명으로 그 모두를 비추어 보십시오.

그리고 간절하게 기도하십시오.

스스로 주인공을 돌아보십시오.

그길 가운데 해탈의 길이 열려 있습니다.

위대한 예언자인 주인공을 보십시요.

위대한 예지자의 길이 열려있습니다.

모두
내려놓는 겁니다

　도대체 우리가 사람으로 태어나서 천만 억의 부를 쌓아놓고 누려본들, 위태할 만큼 높은 자리를 차지하고, 수십 수천만의 사람들로부터 한때나마 존경을 받은들 그것이 무엇이 남겠습니까.

　기껏해야 백 년도 못사는 인생, 그렇게 집착하며 구하던 것들도 일단 병들어 죽게 될 때는 아무런 도움이 되지 못합니다.
　청산유수 같던 언변도 재주도 일단 몸을 여위면 아무 소용이 없고, 평생을 바친 보람들도 무의미해집니다.

　그런 것들을 바라자고 마음 닦는 것은 아니라지만 고작 수십 년, 수백 년 동안 이름 석 자가 전해진다 한들 뿌리 없는 일이니 거기에 무엇이 남겠습니까.
　자기의 참 주인공과의 해후야 말로 그 어떤 것보다 나은 일일 것입니다.

　어떤 사람들은 사는 데 급급해서 공부할 겨를이 없다고 말합니다.
　그 시간에 물건 하나라도 더 만들고 더 파는 게 중하다는 식입니다.

현실의 환난과 고통 때문에 죽을 지경인데 수행할 시간이 어디 있겠느냐고 하는 사람들이 주변에 많이들 계십니다.

하지만 그런 사람일수록 들여다보면 눈코 돌볼새없이 그토록 바빠 살면서도 여전히 인생살이가 힘겹다고들 합니다.

자 여러분~! 이리로 오십시오~!

지금 바로 오늘 당장 부처가 되봅시다.

인간의 육신이 허무함을 바로 알고도 그토록 그 모습을 망가뜨리면서까지 불법을 알고자 하는 것은 잘못된 생각입니까.

과거의 모든 업보, 유전성, 영계성을 짊어지고 앞날에 다시 안 올 것을 생각하면서 삶을 무겁고 고통스럽게 걸어가는 사람이라면 오로지 내 마음에 달렸다는 것을 알아 오늘 그 짐 진 것을 모두 내려놓는 겁니다.

그리고 스스로 주인공을 똑바로 해량하고 마음 한번 내보세요.

가장 중요하다고 생각했던 것부터 집착이고 욕심이고 다 내려 놓으십시오.

그러면 오늘 중에 부처가 되십니다.

코앞이 바로 정토란 말입니다.

행하는 것이
곧 깨달음입니다

불교에서는 가장 귀하게 여기는 것이
"깨달음"이란 것입니다.
세속에서는 가장 귀히 여기는 것이
눈으로 확인할 수 있는 부귀영화라 할 것입니다.

"부귀영화"라 하는 것은
우선 이 "몸"이 있어야 합니다.
즉, 육신이 있어야
그 위에 부귀영화를 누릴 수 있습니다.

몸이란 것은 결국 덧없이도
죽어서 흙으로 돌아가게 돼있습니다.
그렇다면 이 덧없는 몸에 붙어있는
부귀영화라는 것도 아무리 좋다한들
이 "몸"의 덧없음과 운명을
함께 하지 않을 수 없습니다.

"몸은 덧없고 덧없기에 괴로움이고

'나' 라고 할 수 없는 것"입니다.
반면에 깨달음이라는 것은
육신이 아닌 "정신적인 것"에 관한 것으로
"덧없음을 떠난 자리"에 있는 것입니다.
오히려 이 "몸"은 진정한 나의 것이
아니라고 하는 생각을
가지게 되는 것이 깨달음의 내용이 되지 않습니까.

그 깨달음의 본체라는 것은
모든 것이 마음에 의해 작용됩니다.
마음으로부터 모든 것이 시작이 되어지고
번뇌망상을 지어내는 것조차도
스스로의 마음이 빚어낸 결과입니다.

어떠한 상을 짓는 것도 마음이요,
상에 상을 낳는 것도 마음입니다.
다시 귀결 짓는다면 마음을 다스림이
불교의 요체이며 그 요체를 알아차리고
행하는 것이 곧 깨달음이란 것입니다.
간단히 말해서 지금 이 말을 이해하셨다면
모든 중생이 불성이 있기에
그대 또한 부처님이십니다.

참마음이 아닌
가짜 마음

사람이 스스로 올바른 정신을 가다듬지 못하고 좋은 행위를 하지 않으면 비록 지금은 일시적으로 좋은 생활을 한다 하더라도, 오래 못 가서 그 생활이 망하게 되는 것입니다.

여러분이 아시다시피 술에 미치고, 도박에 빠지고, 사치에 빠지고, 게으르며, 바람피우기를 그치지 않는 사람들이 평화롭게 잘사는 사람을 보셨습니까?

이처럼 나쁜 생활을 하는 사람들이 따로 있는 것이 아니라는 것을 여러분은 분명히 아셔야 합니다.

누구든지 그런 나쁜 짓을 하게 될 수 있다는 사실을 한시도 잊어서는 안 되는 것입니다.

사람의 마음은 좋은 일에 빠지기 보다는 나쁜 일에 더 잘 빠지는 것입니다.

이것이 바로 어리석음이라는 것이며, 전생의 업이라는 것입니다.

어리석음과 업은 사람의 본심이 아닙니다.

본심을 가리고 있는 번뇌망상인 것입니다.

현재 우리 보통 사람, 깨닫지 못한 사람들은 원래의 청정하고 밝은 본심을 잃고 번뇌망상을 자기의 마음인 줄 착각하고 살고 있는 것입니다.

이것을 참마음이 아닌 가짜 마음이라고 하는 것입니다.

이 가짜 마음은 항상 제자리를 지키지 못하고 곧잘 흔들리는 것입니다.

여러분이 지금 모두가 이 가짜 마음을 가지고 살기 때문에 유혹에 잘 빠지는 것입니다.

마음이 한번 유혹에 걸려들면 나쁜 짓인 줄 알면서도 그것을 절제하지 못하고 나쁜 행위를 하게 되는 것입니다.

그래서 처음에는 아무리 착실하고 강하던 사람도 거듭하여 유혹을 받으면 결국 나쁜 길에 빠져들게 되는 것입니다.

인간이 가지고 있는 현재의 이 마음은 이처럼 약한 것입니다.

이런 마음을 가지고 생활한다면 언제 어디서 어떤 일로 유혹에 빠지게 될지 아무도 예견하지 못하는 것입니다.

거듭 말씀드리거니와 한번 유혹에 빠져서 나쁜 행위를 하다가 보면 결국 스스로의 능력으로 헤어나기 어려운 지경에 떨어져서 인생을 망치게 되는 것입니다.

자신의 인생은 자기 자신의 마음에 의한 습의 작용이라는 것을 철저하게 인식해야 합니다.

이러한 인식이 없으면 인생을 제대로 이끌어 갈 수 없습니다.

부처님께서 이르신 말씀을 수시로 되새겨서 자기 자신을 잘 살피고 자기의 책임을 다할 수 있도록 힘쓰고 또 힘써야 합니다.

이처럼 노력하는 사람에게는 작은 실수라도 결코 있어서는 안 되는 것입니다.

왜냐하면 우리 인간에게 있어서 실수라는 것은 그것이 큰 것이든 작은 것이든 생활에 나쁜 영향을 주게 되는 것이기 때문입니다.

부처님께서 이런 말씀을 하신 적이 있습니다.

"작은 허물은 재앙이 없다고 생각하여 가볍게 여기지 말라.

물방울이 비록 적으나 점점 큰 그릇을 채우느니라."

_대반열반경 범행품

작은 실수라도 생기지 않도록 자기 자신을 잘 살피고 단속할 줄 알아야 합니다.

이 가르침을 부정하거나 따르지 않는다면 삶은 번뇌요 고통일수밖에 없습니다.

영원한 세계를
살아 보는 것

사람에게는 남녀의 차이가 있고, 학식의 차이가 있고, 출신의 차이가 있고, 모습에 차이가 있을지언정 불성에는 그러한 차이가 없습니다.

남녀의 차이도 없고, 모습에도 차이가 없고, 학식에 차이도 없고, 출신에도 차이가 없습니다.

얼핏 생각하기에 불성이라면 산 넘고 물 건너 갖은 고난을 다 겪은 다음에 어디 머나먼 낯선 곳에서나 찾을 수 있을 것 같겠지만 그렇지 않습니다.

바로 내 안에 그 참 보배가 있어서 설사 무식하다 할지라도 부처를 이룰 수 있는 것이어서 누구나 성불할 수 있다고 하는 것입니다.

그렇지 않고 참 진리가 어디 머나먼 험한 곳에 숨겨져 있다면 어찌 누구에게나 부처님과 동등한 불성이 있다고 하겠습니까.

모든 부처와 중생은 한마음입니다.

한마음이기에 부처와 중생에 차별이 없다고 하는 것입니다.

그러므로 누구나 한마음으로 돌아가면 부처가 스스로 나타나기에 중생이 곧 부처인 것입니다

길옆에 느티나무를 베어내어서 책상도 만들고, 모양있게 예술품도 만들고, 온갖 가구들을 만듭니다.

가구로 만들어지고 예술품으로 변했지만 그 본성은 그대로 느티나무를 떠나지 않듯이 우리의 본성도 본래부터 한마음입니다.

한 방울의 습기가 쉬지 않고 흐르고 흘러가면 마침내는 바다에 이르듯이 아주 조그만 불심이라도 쉬지 않고 노력하면 마침내는 본성을 찾아 반드시 진리에 이릅니다.

물이 흐르면서 격랑을 만나고 퍼내어져서 다른 용도로 쓰이는 등 거슬러지는 경우가 있듯이 장애는 어디에나 있습니다.

우리 중생의 장애는 탐하는 마음, 성내는 마음, 어리석은 마음, 허황된 마음에서 비롯합니다.

그 삼독심(탐.진.치)만 놓아버리면 실로 경험치 못했던 무상, 무아의 미묘하고 평온한 세계에 들 것입니다.

참으로 다행스럽게도 불법 공부에는 일정하게 정해진 문도 없고 자격이 요구되지도 않습니다.

빈부귀천, 남녀노소를 가리지 않고 학식의 많고 적음도 관계가 없습니다.

이 공부하는 데는 승려가 따로 없고 속인이 따로 없는 것입니다.

여자가 따로 없고, 남자가 따로 없고, 부처가 따로 없고, 중생이 따로 없습니다.

평생을 가난과 고통 속에서 어렵게 살았다 할지라도 더러는 즐거움도 있었듯이 중요한 것은 그렇게 살았다는 그 생각을 탁 털어 버리고 지금이라도 넓은 마음으로 외롭고 고달팠던 평생을 바로 잡는 데 있습니다.

그것은 얼마든지 되는 일입니다.

마음만 크게 돌린다면 즉시로 되는 일이니 현실에 얽매인 좁은 생각에서 벗어나 영원한 세계를 살아 보는 겁니다.

당신은
어느 그릇인가요

흔히들 미혹한 중생들을 한낱 티끌에 비유합니다.

광대무변한 불법 앞엔 그것이 사실입니다.

먼지 알갱이들이 한데 엉키어 제 잘난 맛으로 살아가는 것이 미혹한 중생사입니다.

티끌·반죽을 둥근 그릇에 담으면 둥근 모습으로 변하고, 네모난 그릇에 담으면 네모모양으로 변합니다.

당신은 어느 그릇을 택하고 계신가요.

어느 그룹에 속하여 어떤 모습으로 이풍진 세상을 만나고 계신지요.

우리가 삶을 영위하면서 억만금의 재물을 택하겠습니까.

목숨을 택하겠습니까.

천하를 덮는 명예를 택하겠습니까.

진리의 기쁨을 택하겠습니까.

억만금의 큰 재물이라도 생명을 구할 수는 없으니 가지기보다는 베푸는 일에 더 풍요로운 사람이 되어야 합니다.

금붙이나 귀금속 따위에 애착하여 만지작거리며 희희낙락하는 소인은 되지 말아야 하겠지요.

저 앞에서 무량광대한 참 진리가 지금 우리를 기다리고 있습니다.
진리의 기쁨이란 크고 커서 세상의 어떤 값진 것과도 비교조차도 할 수가 없는 것입니다.
제아무리 천하를 뒤덮는 영예라 할지라도 진리의 커다란 기쁨 앞에서는 한낱 티끌에 불과한 것입니다.
지금 이 글을 읽고 계시는 분들은 연꽃향기 그윽한 부처라는 그릇에 오롯이 담겨진 참으로 축복받은 선택을 하시고 참진리를 찾아가신 부처님의 모습을 하고 계십니다.

모양은 아주 잘 갖추셨습니다,
그러니 지금부터는 그 마음에 엄청난 보배가 있음을 믿고 그것을 찾는 마음공부만 하십시다.
마음공부만이 세상에서 가장 큰 공부입니다.
허공처럼 탁 트인 마음으로 싱그럽게 살면서 항상 자비심이 넘쳐나니 이보다 더 환희심 나는 일은 없습니다.

남에게 팔자나 운명 따위를 물어서 이러니저러니 할 것도 없고 누구더러 고쳐 달라고 할 것도 없습니다.
자기 마음으로부터 모든 것이 지어졌음을 알아 탐진치 삼독심부터 놓아버린 고요하고 가벼운 마음으로 오로지 자기의 근본을 찾는다면 모든 것이 다 잘 알아서 풀릴 것입니다.

잘 닦여진 법의
좋은 점

　우리들은 자신의 육체를 돌보기 위해 옷을 깨끗이 빨아 입고 세수
하고 목욕을 하고 얼굴에 화장도 하고 영양분들을 섭취합니다.
　그러나 정작, 몸뚱이에게 행동하도록 명령을 내리는 마음을 돌보
는 일에는 얼마만큼 신경을 쓰고 있습니까?

　몸은 기껏해 봐야 100년을 살아가지만 마음은 여러 생을 두고 흐르
고 윤회하는 속에서 행복과 불행을 가르는 잠재력을 갖고 있습니다.
　무릇 경험을 살려내고 결정을 내리고 하는 것도 마음이지 육체가
아닌데도, 씻고 닦는 것은 육체뿐이니 참으로 잘못된 일 아닙니까?

　생사윤회의 걸림돌이 되는 욕심내고, 성내고, 어리석은 망상들은
씻어 내려고 하지 않으니 참 어리석은 것입니다.
　이제부터는 날마다 마음에 양식도 대어주고, 삼독을 내려놓고 깨
끗이 하여, 마음을 온화하게 유지시켜 나가야 합니다.

　내가 행복하기를 바라듯이, 어느 누구도 불행하기를 바라는 사람
은 없습니다.
　그러나 원하고 바란다고 누구나 행복해지는 것은 아니니 부처님의

가르침 따라서 악한 일을 하지 말고 착한 일을 증진시켜 마음을 스스로 청정하게 만들어 가야 할 것입니다.

탐욕에 지배당하면 즐거움에 끌려 다니고, 증오와 성냄에 지배당하면 고통스런 느낌에 내몰리고, 어리석음에 지배당하면 애매모호함 때문에 혼란에 빠집니다.

이런 세 가지는 여러분들이 무수한 세월 동안 쌓아온 것이어서 깊숙한 곳에 숨어 있다가 언제라도 때가되면 튀어나왔다가 자극이 사라지면 다시 숨어버립니다.

이 세 가지 정신의 요소, 즉 갈망, 혐오, 어리석은 것들은 모든 악한 일들의 뿌리인 것입니다.

이 법만 제대로 알아서 제거하는 수행을 한다면 만법은 귀일하듯이 법은 실로 법을 닦는 자를 보호하고 잘 닦여진 법은 행복을 가져옵니다.

잘 닦여진 법의 좋은 점은 법을 닦는 자는 또다시 나쁜 길로 들어서지 않는다는 겁니다.

자신을
잘 살펴보세요

이 세상 삶을 살아가면서 자기 자신을 살핀다는 것은 무엇보다도 자기 자신의 결점을 찾아내어 반성하고 시정하는 일입니다.

또한 자기 자신의 약점이나 장점을 인식하고 더욱 발전시키는 일입니다.

사람이 스스로 결점이 있는 것을 고치지 못하면 비록 좋은 일을 한다 하여도 생활에 좋은 결과를 얻기가 어려운 것입니다.

중생들은 자기의 생각대로, 또는 자기의 욕망대로 생활하려 하지 말고, 부처님의 가르침에 의지하여 생활하려는 의지를 굳게 가져야 합니다.

현재 중생들이 가지고 있는 생각이나 욕망이라는 것은 대체적으로 현명하지가 못한 것에서 기인하는 것들입니다.

왜냐하면 탐·진·치에서 나오는 번뇌망상에 의한 것이기 때문입니다.

그래서 생활하는 데 있어서 하는 짓을 보면 잘하는 것보다 잘못하는 것이 더 많습니다.

따라서 좋은 결과보다 나쁜 결과가 더 많은 것입니다.

그런데 사람들은 이러한 사실을 현명하게 깨닫지 못하고 있습니다.

이것이 바로 사람이 나쁜 길로 들어서는 원인이 되는 것입니다.

부처님께서는 우리에게 바로 이런 점을 깨우치라는 것입니다.

우리가 잘못된 생활을 하는 것은 마음에 어둠(삼독심)이 있어서 자기 자신의 행위를 바르게 살피지 못하기 때문에 생기는 일이라는 것을 절실하게 깨우쳐야 한다는 것입니다.

그래야만 우리가 원하는 잘되어 가는 생활을 할 수 있다는 것입니다.

그러니 우리는 부처님의 말씀을 믿고 스스로 자신을 잘 살펴서 놓을 건 과감히 놓을 줄 알아야 합니다.

그리고 생활에 나쁜 영향을 주고 나쁜 결과를 만드는 행위는 절대로 하지 않도록 해야 합니다.

하찮은 결심으로는 안 되는 일입니다.

보다 단호한 의지를 가져야 실천이 가능하게 되는 일입니다.

감사하는 생각

우리 몸속에는 자생중생들이 수북하게 들어있습니다.

그 자생중생들부터 내 마음으로 다스려서 천백억화신으로 출전하게 만들어야 합니다.

그러기에는 공부를 게을리 하지 말고 모든 한 생각을 다스려서 거기 굴려놓는 데에 목적을 둬야 합니다.

지금 우리가 살다가 죽어서 몸 떨어지면 아무 것도 없습니다.

자기가 어떻게 살았느냐에 따라서 업보만 그림자처럼 좇아가서 이 세상에 어떠한 모습을 타고난다 하더라도 그 업식만은 그림자처럼 따라다닐 겁니다.

그러니 우리 좀 더 마음을 분발해서 수행하는 마음을 내야 합니다.

후일과 먼 곳만을 바라고 사는 사람들, 그들은 행복해질 수가 없습니다.

진리를 저 먼 어느 곳에 있다고 믿는 사람도 마찬가지입니다.

그들도 결코 진리를 만날 수는 없을 것입니다.

진리는 선지식들에게만 있다고 믿고, 진리는 먼먼 훗날에야 있으며, 어떤 신비스런 나라에만 있다고 믿는 이들은 진리를 기다리기만 하는 사람이지 진리를 자기 것으로 할 수 있는 사람이 되지 못합니다.

먼 내일이 아닙니다.
바로 지금입니다.
어떤 위대한 스승이 아닙니다.
바로 나 자신입니다.

그 위대한 스승이 위대해질 수 있었던 것은 오직 자신의 마음을 통해서였습니다.
그러니 내가 그처럼 되기 위해서는 나 또한 나의 마음을 되돌려야만 합니다.
생활을 하지 말라는 것도 아니고 돈을 갖지 말라는 것도 아니고 사랑을 하지 말라는 것도 아닙니다.
단 하나, 그렇게 생활하는 것이 그대로 부처님 법이라는 사실을 일러드릴 뿐입니다.

그 모든 살림살이를 바로 누가 하고 있나?
내가 이 세상에 나왔기 때문에 모든 일체 잘못되고 잘되고는 내 탓이라고 꼭 지정해야 됩니다.
남의 탓으로 돌리거나 남의 미움을 받거나 남을 원망을 하거나 이렇게 하신다면 그것은 백날 해도 그 굴레에서 벗어날 수 없습니다.
하여튼 모든 것이 이렇게 한마음으로서 이루어졌다고 생각하면서 매사에 감사하는 생각을 하고 늘 감사를 생활화해야 합니다.

자신을
찾으세요

대부분의 사람들은 어떤 문제에 대해서 자기 자신이 아닌 딴 곳에서 해답을 찾습니다.

육신은 의사와 병원에 의지하고, 가난은 남에게 의지해 해결하려 하고, 운명은 사주관상쟁이에게 묻고, 자녀 교육은 학교에 맡기고, 그러나 그것은 일시적인 해결책은 될지 몰라도 궁극적인 해결책은 되지 못합니다.

옷이 날개라는 말이 있지만 아무리 좋은 옷을 입어도 그 옷 자체가 내 몸이 될 수는 없듯이, 아무리 그럴듯한 것이라도 나 자신의 아닌 것에서 찾은 것은 나 자신이 될 수가 없는 것과 같은 겁니다.

그래서 자기 자신을 찾으라고 항상 말씀 드리는 것입니다.

자기 자신 속에는 모든 것이 다 들어 있습니다.

자기 자신 속에서 의사를, 병원을, 그리고 해결책과 치유책을 찾아야만 합니다.

사람들은 밖으로 도느라고 그 무한한 내면의 해답을 끌어낼 줄 모르고, 언제까지나 바깥의 상황에 얽매여서 살아가게 되는 것이니, 그러다보면 언제까지나 자기 자신의 노예로서 사는 수밖에 없는 것입니다.

그 무엇보다도 내 안의 주인이 잘 압니다.

내가 사는 모습이 옳은지 그른지 조용히 관해 보는 겁니다.

내 안에 해결사가 있고 내 안에 모든 것을 이끌어가는 주인이 있음을 자각하고, 진실한 마음으로, 좋고 나쁘다는 마음을 버리고 자기 자신의 내면에 있는 주인공에 일임해서 믿고 맡긴다면 분명히 답이 나올 겁니다.

이 답을 부정하거나 따르지 않는다면 삶은 번뇌요 고통일수밖에 없습니다.

이것이
왜 이럴까요

돌이켜 보면 사람들은 점점 더 이기적으로 되고 서로에게 많은 상처를 안겨주며 스스로 지쳐가고 있습니다.

사회 전체가 방향을 잃은 듯 혼란스럽기만 합니다.

대체 우리는 무엇을 위해 이토록 바쁘게 움직이고 있는 건지, 물질적 풍요는 왜 우리의 마음까지 풍요롭게 하지 못하는지, 자기에게 다가오는 모든 경계란, 좋은 경계든 나쁜 경계든 곧 나를 단련시키는 길잡이이자 수련의 과정입니다.

경계가 다가옴으로써 나는 그것을 통해 성숙하고 진화하게 되는 것이지요.

그러므로 경계가 발전의 재료임을 안다면 그것을 마음으로 거부하거나 좋아하기보다 묵연히 수용하는 게 바른 자세일 것입니다.

왜냐하면 다가오는 그 모든 경계를 나의 주인공이 들이고 내기 때문에, 모든 것을 그들이고 나는 주인공 자리에다 놓으라고 하는 것입니다.

그 길만이 주인공과 하나 되는 길이자, 이 사바세계에서 벗어나 자유인이 되는 길이니까요.

그러니 '이것이 왜 이럴까?' 하고 따지는 그 마음을 버려야 합니다.

생활하시면서 애고가 닥치고 병고가 닥친다 하더라도 그걸 재료로 삼아야지, 허공을 허우적거리듯 끄달리지 말아야 합니다.

하늘이 무너진다 해도 '내 주인공 밖엔 해결할 수 없다' 하고 거기다 맡겨놔야 되는데, '해 주시오' 하면서 그냥 바깥으로 끄달리게 되니까 속에 의식들이 난장판이 되는 겁니다.

그러니 그 괴로워하는 마음을 부여잡고 있지 마시고 지극하게 마음을 하나로 모아서 밀고 나가보세요.

물론 한순간에 그 괴로움과 고통이 없어지지는 않지만, 그 고통 속에서 여여할 수 있는 마음이 된다면 다가오는 모든 시름과 괴로움이 단지 나를 속박하고 억압하는 걸림돌이 아니라 나를 공부시키기 위해서 이끌어주는 주인공의 자비가 될 것입니다.

괴로워하기보다는 그 고통을 깨부술 수 있는 한 생각을 내시기 바랍니다.

행하는 게
중요합니다

제 아무리 많이 알고 있다고 해도 행하는 게 중요합니다.

백 가지 천 가지를 알고 있지만 한 가지도 행을 못하면 하나를 알고 하나를 행하는 것만 못하다는 것은 삼척동자도 아는 일 아닙니까.

이 세상 돌아가는 이치와 이 세상에 모두 살고 있는 자체가 팔만대장경의 증거입니다.

그러니 진짜로 부처님의 뜻, 골수를 알아서 한마음으로 내 마음속에 지닌다면 구태여 염주를 목에 걸고 다니지 않아도 되겠죠.

백팔염주를 목에다 걸고들 있는데 백팔염주는 백팔번뇌 망상이라고 했습니다만 그 번뇌망상이 아니라면 어찌 공부하겠습니까?

번뇌가 무엇입니까,

색·성·향·미·촉·법·안·이·비·설·신·의·육근이 서로 엉키고 물리고 과거·현재·미래 세계가 같이 돌아간다는 뜻입니다.

같이 돌아가면서 생각 생각에 꼬리가 꼬리를 물고 돌아가는 그것을 망상이라고 합니다.

번뇌망상이라고 하지요.

그 일어나는 마음이 부처를 이룰 수 있고 법신을 이룰 수 있는 수련과정이라고 한다면 그것은 망상이 아니라 나를 수련시키는 채찍이라고 해야 합니다.

어떠한 것이 나온다 해도 허허 웃고 거기서 나온 거니까 거기서 해결해라 하고 믿고 놓으면 되지 끄달릴 필요가 뭐 있겠습니까?

상대를 통해서 어떤 경계가 닥쳐와도 나를 다스리기 위해서 내 마음이 이심전심으로 돌아가서 상대를 통해서 나를 치니 참 감사하구나 하고 감사한 마음으로 맡긴다면 남을 탓할 것도 없고, 남을 증오할 것도 없고, 배신할 것도 없고, 미워할 것도 없으니 얼굴에 웃음을 머금으면서 환희심이 가득할 것입니다.

이것 버리고 저것 버리면 남는 게 뭐가 있어서 괴롭겠습니까?

더럽다고 버리고, 밉다고 버리고, 또 즐거움조차 버린다면 망상 자체가 생길 수가 없지 않습니까.

다가오는 모든 것이 나를 단련시키고 공부시키기 위해서 나온다는 것을 알고 살아가신다면 그 어떤 것도 자기를 성숙시키는 공부의 재료가 될 것입니다

묵묵히 진실로써
걸어갈 뿐……

불교 공부를 하다보면 누구나가 빨리 깨치고 싶어합니다.

빨리 깨우쳐야겠다고 하는 그것 또한 착이기 때문에 빨리 깨우쳐야겠다는 생각까지도 놓고 그대로 자기 자신을 믿고 꾸준하게 앞으로 가야 합니다.

빨리 깨우치고 싶어 하는 것도 탐진치에서 욕심입니다.

항상 말을 하듯이 그런 경계를 뛰어넘을 수 있는 신념이 있다면 그것을 밀고 나가고, 신념이 없다면 밀고 나가지 못합니다.

우리가 마음으로 인해서 눈으로 보고 듣고 하는 것을 욕심 없이 내가 한다는 생각 없이 해야만이 된다는 것이죠.

습이라는 게 참 무섭습니다.

선한 일을 했어도 내가 한 일이 아니요,

악한 일을 했다 할지라도 대의적인 일을 위해서 했다면 악한 일이 아닙니다.

거짓말도 남을 위해서 방편으로 했다면 잠시 거짓으로 한 거죠.

그러기 때문에 모든 것을 다 잘 생각해서 남을 이익되게 할 수 있어야 합니다.

또 타인의 육신이나 내 육신이나 똑같은 중생이란 겁니다.

자기 중생을 자기가 이익되게 만들 수 있어야 남을 이익되게 할 수 있듯이 잘 생각해 봐야 할 점입니다.

그러니 깨달아야만 한다는 그 관념에 머물러서 얼마쯤이나 더 가야 될 것인가를 생각하지 마시고, 생활 속에서 하나하나 체험을 해가면서 밀고 나가야 합니다.

의심을 하거나 걱정하지 말아야 합니다.

그렇게 밀고 나가다 보면 점점 감응이 와서 느끼게 됩니다.

설사 감응이 늦더라도 그곳에 착을 하지 말아야 합니다.

세상 사람들이 자기의 진실을 알아주기를 바라지 말아야 합니다.

그저 묵묵히 진실로써 걸어갈 뿐입니다.

우리는 그렇게 할 수 있습니다.

나는, 우리는 모두 곧 부처이기 때문입니다.

어떤 경계에 부딪쳤을 때, 얼른 자기 자신을 돌아보고 그 자리에 맡겨놓으십시오.

어떻게
해야 할까요?

흐려버릴 수도 있는 일들을 가지고 깊게 생각하고, 망상을 지어내어 자기 스스로 힘들어하고 고통스러워함을 주변에서 많이 봅니다.

훨훨 털고 살아갑시다.
이렇게 저렇게 안 해야 삶을 잘 산다는 식으로 생각을 묶어놓지 말고, 모든 생각이 일어나는 것에서 벗어나야 합니다.
벗어나려면 몸을 움직이는 게 문제가 아니라, 모든 것을 착에 두고 있는 그 마음이 문제입니다.

참나아닌 다른 나가 있기 때문에 화도 나고, 욕심도 부리게 되고 어리석은 겁니다.
내가 없다면, 내세울 내가 없다면 모든 것에 얽매이지 않고 자유스러워질 겁니다.
내가 화가 나고 생각이 많아서 복잡하다고 느끼는 마음들이 사실은 실체가 없습니다.

누가 좋다, 어떻게 돼서 기쁘다고 하는 것조차도 마찬가지입니다.
즉, 말하자면 내가 지어낸 잣대, 내가 지어놓은 생각에 불과한 것이지 영원한 것이 아니라는 겁니다.

그런데 우리는 그것이 진짜 나인 줄 알고, 그것이 전부 다인 줄 알고 울고불고 속상해 하면서 살고 있으니 얼마나 어리석은 모습입니까?

그래서 그렇게 바깥으로 다가오는 것에 속아서 울고 웃는 내가 참이 아니라 그 어떤 것에도 흔들리지 않고 금강석같이 움직이지 않는 참나의 자리가 있다고 가르쳐주는 겁니다.

화가 나게 하는 것도 그 자리요,

화가 안 나게 하는 것도 그 자리이니 그 자리에 다가 즉시 돌려서 화가 나는 마음에 속지 않고 담담히 지켜볼 수 있는 도리를 안다면 어떠한 상황에서건 자유로울 겁니다.

화나는 거 하나로 표현을 했지만 모든 게 다 그렇습니다.

그래서 한마디로 표현을 하기를, "마음을 비워라" 하는 것입니다.

비우고 깨끗하고 선한 것으로 채우려는 생각을 가져야 합니다.

지금 우리에게 시급한 건 마음 씀씀이와 올바른 행동입니다.

마음을 잘 써야 행동을 잘하고, 행동을 잘해야 말을 잘하고, 조건 없는 사랑을 할 수 있는 말을 할 수가 있고, 여여하게 할 수가 있는 것입니다.

그런데 요새는 모두들 타의에서만 꼭 끄달리며 찾으니 이 노릇을 어떻게 해야 할까요?

공덕이 될 수 없는
까닭은……

살아가다보면 누구나가 자기중심적이기 쉽습니다.
그러다보니 악업을 쉽게 짓습니다.
내가 했다고 하고 내가 속상해서 죽겠다고 하고 내가 이렇게 했는
데, 저 사람이 왜 저런가 하면서 상대를 원망하고 증오하니까 딱 막
혀서 모든 것에서 벗어날 수가 없는 겁니다.

증오할 것도 없고 미워할 것도 없습니다.
알고 보면 뿌리에 의해서 나무가 살고 있는데 그 옆의 나무가 스쳤
다고 해서 가지가 부러지지는 않습니다.

가지가 부러진 것은 자기가 이 세상에 난 탓이지 어째서 옆의 나무
잘못입니까?
옆 나무의 잘못으로 생각한다면 원망이 돌아가고 증오가 돌아감으
로써 항상 악업을 짓게 되는 겁니다.

선업 짓는 것이 몇이나 되겠습니까?
그러니 모두 악업에 속하게 되지요.
더구나 부처님께서는 악업은 물론이고 선업도 짓지 말라고 하셨습

니다.

그건 왜냐하면, 선업을 짓게 되면 악업이 좇고 악업을 짓게 되면 선업이 좇으니 평생, 아니 세세생생 벗어날 수가 없습니다.

그러니 악업도 놓고 선업도 놓아라,

가는 거 잡지도 말고 오는 거 마다하지도 말라고 하신 겁니다.

우리가 선업을 지었다고 해서 공덕이 많다고 생각을 하면 안 됩니다.

선업을 많이 지어서 내가 잘했다고 아무리 내세워 봤자 절대로 굴레에서 벗어나지 못합니다.

그것은 공덕이 될 수 없는 까닭입니다.

한 나무가 살고 돌아가는 그 자체는 바로 뿌리로 인해서 살고 돌아간다는 것을 아셔야 됩니다.

그러니 좋고 나쁘다는 것 자체를 그냥 그 자리에다 놓고 모든 것을 이끌어 가는 것은 그 뿌리에서만이 할 수 있다고 믿고 관(觀)하는 것이 중요합니다.

모든 것을
놓아 버리십시요

부처님께서는 마음을 과거나 미래로 흘려보내지 말라고 하셨습니다.

과거나 미래에 대한 온갖 망상들이 우리의 마음을 크게 흔들고 있음을 자주 명상하곤 합니다.

이미 지나간 과거를 회상하면서 슬퍼하거나 후회를 하고, 오지도 않은 미래에 대해 헛된 상상을 함으로써 그 생각의 늪에 빠져 괴로워하기도 합니다.

그러한 과거나 미래로 흐르는 온갖 망상들을 다시 되돌려 지금 이 자리에서 그대로 내려놓는 것이 수행의 첫 걸음이란 것을 잘 알지 못하는 듯합니다.

물론 현재의 마음이야 언급할 필요가 없이 그대로 관찰하고 내려놓는 작업이 필요함은 물론입니다.

이것이 바로 금강경에서 말하는 과거심불가득, 현재심불가득, 미래심불가득의 가르침입니다.

과거, 현재, 미래는 고정된 바가 없습니다.
그저 가만히 흐를 뿐입니다.
흐르는 시간에 마음을 고정시키려니 그것이 마음을 복잡하게 만듭니다.

일상에서 일어나는 모든 우리의 행위 하나하나는 그 자체로서 귀중한 의미를 가지고 있기에 그렇습니다.

그 하나하나의 행위가 바로 부처님의 나툼이기 때문에 그렇습니다.

아무리 사소한 일 같아도 그 일은 우리의 삶에 커다란 의미를 가지고 있는 것입니다.

어떤 사소한 일도 그 자체가 목적이 될 수 있다는 것은 바로 모든 일상의 행위 하나하나에 충실한다는 의미이며, 시간시간을 목적으로 충실히 살아간다는, 즉 현실을 온전히 살아간다는 의미입니다.

현실에 온전히 깨어있음을 의미하는 것입니다.

이는 지극히 현실에 충실한 삶을 의미하는 것입니다.

아무리 사소한 행위라도 그 행위에 우리의 전력을 기울여 집중하고 관찰하며, 깨어 있으려 노력할 때 그 모든 행위는 신구의 삼업으로 짓는 업장이 아니라 부처님을 닮아가려는 노력이며 이것이 바로 생활수행이 되어 버립니다.

옛 조사스님들께서는 배고플 때 밥 먹고, 졸릴 때 자고, 배 아플 때 뒷간 가는 그런 일상 속에 깨달음이 있다고 하셨습니다.

그 의미가 바로 어떤 순간에도 철저히 깨어있음을 의미하는 것입니다.

우리는 배고플 때 밥만 먹지를 못합니다.

밥을 먹으며 항상 마음은 다른 생각을 하느라 분주합니다.
언제나 과거로 미래로 마음을 흘려보내고 있습니다.
언제나 그렇게 마음은 중심을 잃고 있습니다.
우리는 평생을 살더라도 과거나 미래를 살아갈 수는 없습니다.
우리가 사는 세상은 오직 "현재" 뿐입니다.
그러나 우리의 마음은 현재를 살아가기보다
과거를 살고 미래를 살기 쉽습니다.

이미 지나간 과거에 얽매이고 오지도 않은 미래에 마음을 빼앗겨 자신을 얽어매고 있습니다.
이미 지나간 과거의 잘못은 부처님 전에 지극한 "참회"와 함께 모두 비워버리세요.

죄란 본래 없습니다.
마음속에 가지고 있음이 죄인 것입니다.
아직 오지 않은 미래는 부처님 전에 지극한 "서원"을 세우는 것으로 집착을 놓아 버리세요.
앞날에 대한 근심 걱정은 "참나" 비로자나 법신의 생명력을 굳게 믿고, 원을 세우는 그 속에 모두 던져 버리세요.
그리고 마음은 자유가 되셔야 합니다.
현실에 머물러 있으란 말이 아닙니다.
머물 현재도 없습니다.
현재라고 말하는 그 순간은 이미 지나간 과거입니다.

모두를 던져 버리십시요.

부처님 참생명을 의지하며 모두 놓아 버리십시요.

모든 분별심을 놓고는 가만히 "관(觀)" 하시길 바랍니다.

"지켜봄" 그것이면 충분합니다.

이것이 현재 심을 다스리는 수행입니다.

현실에 온전히 깨어있는 것입니다.

불교 수행의 핵심은 무집착입니다.

집착하지 않음입니다.

무집착의 근본 수행이 바로 "방하착(放下着)"입니다.

즉, 중생들의 업으로 인하여 쌓인 모든 지식과 앎을 불문에 들어서는 동시에 모두 버려라 이며 "지켜봄(觀)"인 것입니다.

오직 나에게 주어진 삶은 "바로 지금" 지금입니다.

지금 모든 것을 놓아 버리십시요.

그리고 마음은 가만히 "지켜봄"에 머무르면 됩니다.

나를 고집하는 생각을
놓아나가는 것

인생은 고(苦)가 아닙니다.

생사가 있다고 하나 생사를 여의는 불생불멸의 열반이 있으니 고가 아닌 것입니다.

만나고 헤어지는 슬픔이 있다고 하나 만나고 헤어짐의 실체가 또한 텅 비어 고요하니 고가 아닌 것입니다.

그러나 많은 사람들이 윤회와 팔자와 운명 속에서 벗어나지 못한 채 살아가고 있습니다.

그래서 나는 항상 내 그릇을 벗어나야 한다고 말씀드리고 있습니다.

내 그릇이란 나를 고집하는 생각을 말합니다.

나의 소유, 나의 생각, 나의 명예, 나의 가치, 이런 것들이 나를 단단한 통 속에 가두고 있는 것입니다.

그러나 많은 사람들이 그런 것들을 대상으로 싸워나가는 것으로 생각을 해서 그것들을 점점 높고 두텁게 쌓는 것이지요.

그렇지만 그 벽이 높아지고 두터워질수록 내 마음은 가난해지는 것인즉, 그런 것들은 남을 막기에 앞서 자기 자신을 해치고 마는 것입니다.

진실로 무서운 감옥이란 바로 그것입니다.
그런 생각의 감옥이야말로 참으로 무서운 감옥으로서, 그 감옥에 갇힌 사람은 재판관의 선처로도 벗어날 수가 없습니다.
많은 사람들이 그런 감옥에 갇혀서도 갇혀 있는 줄도 모르고 살고 있습니다.
자기 딴에는 자유인이라고 활보하는 사람들 중의 많은 사람들이 그런 사람들입니다.
그런 곳에서 벗어나는 길이자, 자기에게서 벗어나는 길은 오직 하나밖에 없습니다.

나를 고집하는 생각을 놓아나가는 것입니다.
그것이 곧 그런 벽을 허무는 것이요,
가난한 내 마음에 행운바람을 불러오게 하는 비결입니다.
나를 고집하는 생각이 푹 쉬게 되면 참나가 드러나게 됩니다.
참나의 세계는 불생불멸하고, 영원한 복락의 세계입니다.
그렇지만 영원한 복락은 밖에서 오는 것이 아닙니다.

오직 마음의 벽을 허물기만 하면 이미 내 안에 따스한 햇살이 비추고 있음을 알게 될 것입니다.
그리고 항상 둘 아니게 진실한 마음으로 되고 안 되고를 떠나서 올바르게 마음을 내 보시기 바랍니다.

우리에게 주어진 권능이며 특권입니다

우리의 삶은 부처님의 끝없는 은혜의 삶입니다.

빛나는 지혜와 지극하신 자비와 막힘없는 위력이 우리 생명에 너울 치는 것입니다.

이와 같은 크신 은혜를 알고 믿고 살아가는 우리의 삶은 언제나 희망과 용기가 넘쳐납니다.

어떠한 어려움이 닥쳐도 두려워하지 않고 결코 꺾이지 맙시다.

어려운 현상이라는 것이 허망한 것이며 사라져 가는 일시적 상황인 것을 알아야 합니다.

다시 그 뒤에는 밝은 은혜의 물결이 벅차게 밀려오고 있다는 것을 알아야 합니다.

이것은 분명 불자의 권능이요,

무엇과도 바꿀 수 없는 영광이고 기쁨이며 자랑입니다.

그러므로 우리들은 어려운 일을 당해도 불평하지 않고 오히려 밝게 웃고 감사해야 합니다.

불평을 생각할 시간에 희망을 생각하고 발전을 구상합시다.

밝은 희망이 그 마음에 그려질 때 밝은 행운의 창조는 새로이 움트기 시작합니다.

그러므로 결코 어두운 생각, 불쾌한 현상에 사로잡히지 맙시다.

그런 것을 마음에 두고 생각이 머물었을 때 그때부터 어둠이 찾아오기 때문입니다.

우리 모두 언제나 마음에서 희망을 그리고 번영을 생각합시다.

보다 향상하고 발전하며 번영하는 것은 우리에게 주어진 권능이며 특권입니다.

언제나 모든 마음을 비웁시다!

희망을 염합시다!.

분노, 미움, 슬픔 그밖에 온갖 망념된 마음 모두 비우고 내 생명에 빛나는 나에게 곧 도래할 부처님의 대자대비 은덕을 생각합시다.

자신을
굳게 믿으십시오

우리가 살다보면 어려움에 닥쳐서 힘겨운 삶을 영위해야 할 때가 누구에게나 있습니다.

그럴 때마다 나는 그 어렵다는 생각마저도 내려놓으라고 합니다.

어떤 문제가 닥쳤을 때 놓기보다 일단 그 일이 머리에 꽉 들어차서 걱정이 됩니다.

"걱정하지 말고 놓자", 본래 면목이 알아서 다 해줄 것이다.

이렇게 생각하다가도 바로 다음 순간 또 그 문제를 걱정하고 있는 자신을 보게 됩니다.

본래 자리를 믿고 놓기만 하면 무엇이든지 될 수 있는 것인가 하는 의심을 두게 됩니다.

사소한 경계에 휩싸여서 단지 나에게 닥친 문제에서 벗어나고 싶다는 조급한 마음이 드는 그 순간 근본에 맡겨 놓는다면 나의 작고 한정된 마음이 깊고 넓어지게 하는 방법입니다.

마음 안으로 생각을 돌리는 것이 곧 마음을 넓게 쓰는 것이며, 경계를 쉬는 것입니다.

'이렇게 하면 문제가 해결될 것이다.' 하고 맡겨서는 안 됩니다.

근본 마음이 곧 참된 나이며, 나는 그로 향해 나아가는 수행자이므로 젖먹이가 엄마를 한 치의 의심도 없이 믿고 의지하듯이 그렇게 믿고 맡겨야 합니다.

어떤 생각으로 맡기느냐 하는 문제는 매우 중요합니다.

근본은 일체 생명과 한 바탕입니다.

그러므로 내게 어떤 경계가 닥쳤을 때도 마음 안으로 생각을 돌려야 합니다.

만약에 몸에 병이 났을 때 그 근본 마음으로 생각을 돌려 스스로 간절해져야만 그 병이 나을 수가 있습니다.

근본 마음은 삼라만상 삼천대천세계에 흩어져 있는 일체의 약초(藥草)와 같은 자리이기 때문입니다.

그리고 근본 마음에는 나와 네가 없고, 일체가 다 한 몸 한마음이기 때문입니다.

그러므로 생각을 돌리게 되면 자기 스스로 자기를 낫게 할 수가 있는 것입니다.

살아 나가는 과정에 어떻게 살아 나가야 되는가 하고 일일이 걱정을 한다면 어떻게 순간순간 이루 다 생각을 하면서 살겠습니까?

내 안에 수없이 많은 의식들 속에 입력되어 있는 모든 일들을 근본에 되놓는 작업을 끊임없이 뭐든지 근본 마음에 놓는 것을 부지런히 해서 어떤 상황에서도 '하심' 하고 여여하게 행을 하면서 본래 근본자리를 굳게 믿는다면 그 순간 정토가 나타나는 것입니다.

근본자리(내뿌리)를 건성으로 믿고 놓고 맡기기만 하면 되는 것이 아닙니다.

여러분은 자기 뿌리를 믿지 못해서 맡겨놨다가도 되 ㄲ집어내고, 또 맡겼다고 하면서 되 ㄲ집어냅니다.

진짜로 믿는 사람은 한 번 맡겼으면 맡긴 그 자체가 아주 뚜렷하게 정립이 됩니다.

그러니까 의심도 없고 근심도 없습니다.

그러다 보면 좀 시일이 지나서 풀릴 수도 있고, 단박에 풀릴 수도 있는 그런 천차만별의 모습을 가지고 있는 것이 바로 우리의 생활입니다.

그런데 그것을 믿지 못하니까 조급하게 '아이구! 이렇게 맡겨도 안 되는구나!' 하면서 안달을 하는 거죠.

그렇게 자신을 못 믿으면 이 세상에 무엇을 믿겠습니까?

세상에 태어난 그 자체가 증거입니다.

본래 자리인 뿌리로 인해서 싹이 났는데도, 자기 뿌리가 자기를 형성시켰는데도 그렇게 못 믿어서야 어찌 인간으로 태어난 보람을 느끼며 살 수 있겠습니까?

살아오면서 뼈저리게 공부를 해왔던 분들만이 진정으로 이 도리를 알게 된 고마움을 알고 감사의 눈물을 흘릴 것입니다.

자기 자신을 굳게 믿으십시오.

진정한 사랑

진정한 사랑이 무엇이겠습니까.

사랑이라면 조건이 없어야 합니다.

자식이 물에 빠졌을 때 그 자식을 위해서 앞뒤 계산없이 물에 뛰어드는 부모의 마음이라야 조건 없는 사랑이라고 할 수 있을 것입니다.

아내가 남편을 사랑한다든가 남편이 아내를 사랑한다든가, 사랑도 여러 가지 사랑이 있지 않습니까?

부부의 사랑, 형제의 사랑, 부모 자식 간의 사랑 등 얼마나 많습니까?

그런데 이런 말이 있습니다.

'남편이 나를 싫다고 할 때 그 남편을 사랑하거든 놔줘라.

또 아내가 싫다 하면 놔줘라,

싫다 하는 걸 붙들고 생전 살아봤자 그 타령이니까

사랑하면은 도리어 놔주라는 말이 있지 않습니까?

그러나 그러한 것이 꼭 자비인 것만은 아닙니다.

부처님께서는 조건 없는 사랑을 '자비'라고 하셨습니다.

자비라는 것은 아무 경우에나 쓰는 것이 아닙니다.

말이 중요한 것이 아니라 행이 중요하기 때문입니다.

예를 들어서 누가 어렵다고 그러는데 그냥 조건 없이 주는 게 자비입니다.

또 방을 얻을 돈이 없어 거리로 나앉았을 때 누가 조건 없이 누울 방을 마련해 준다면 그게 자비입니다.

조건 있는 건 자비라고 할 수 없습니다.

대다수 사람들은 말로만 사랑 사랑하지, 진짜 사랑을 모릅니다.

진짜 사랑이라는 것은 자비를 말하는 것입니다.

그런데 부모 자식 간도 아무리 부모가 자식을 사랑한다 해도 착을 가진다면 자비의 사랑이 못됩니다.

자식을 사랑하되 조건을 붙이게 되는 거지요.

무얼 바라고, 무얼 기대고 '저놈이 잘 돼야 남 보기에도 부끄럽지 않을 텐데…….' 하고 기대하는 바가 항상 있기 때문에 자비가 되지 못합니다.

어떤 부모들은 자기의 마음을 돌리질 못해서 오히려 자식들한테 해가 가게끔 하는 수도 많습니다.

그러나 그것이 자식을 망하게 하려는 건 아니지요.

그러기 때문에 부모가 자식을 사랑하는 그 마음이나, 부처님이 뭇 중생을 나 아님이 없이 사랑하는 거나 똑같습니다.

아주 작거나 클 뿐이죠.

부처님께서는 하다못해 기어가는 벌레까지도 '나 아님이 없다.'고 하셨습니다.

사랑이라는 게 그렇게 내 아픔 아님이 없이, 내 자리 아님이 없이, 내가 높다는 생각이 없이, 모두가 내 아님이 없다고 생각할 때 진짜 자비입니다.

　그것은 아무나 할 수가 없습니다.

　불법을 공부하기 이전에는 할 수가 없는 거죠. 그건 왜냐?

　수억겁 광년을 거치면서 우리가 어디서 왔는지,

　어디로 가는지,

　지금 무엇을 하고 있는지,

　하나로 들고 나는 그 도리를 알아서,

　이걸 세세하게 다 알려면 복잡하니까

　모든 거를 그냥 본래자리에다 놔라,

　거기다 맡겨 놓고 진행되는 걸 지켜봐라,

　그렇게 되면 실험이 되고 체험을 하게 된다,

　체험을 하게 되면

　그것이 바로 정토의 길이라는 것을 알게 된다 이겁니다.

　그렇게 했을 때 참 사랑도 할 수 있고 거기에서 자비가 나올 수도 있고, 내 아님이 하나도 없는 그런 도리도 알 수 있게 되니 항상 생활하면서 진짜 사랑을 할 수 있도록 한다면 그 자비로움 속에 스스로가 빠질 것입니다.

부드럽고
아름답게 삽시다

우리들이 현실 속에서 감각적인 것과, 매달리고 집착하는 것들은 내 중심에 맑고 고요한 상태에서 비뚤어진 것입니다.

비뚤어지면 맑고 고요한 그 깊은 곳에서 벗어났기 때문에 진리에서 그만큼 떠난 것이어서 진리에서 떠난 것은 그만큼 고(苦)를 부릅니다.

지금은 잠시 즐겁고 따뜻하고 달고, 맛있고, 좋은 것같이 보여도 거기에 집착을 해 버리면 그만큼 자기의 본성에 평등한 마음, 맑은 마음에서부터 그 마음이 치우친 것이 되기 때문에 치우친 상태가 지나치면 지나친 정도로 그 사람 마음이 거칠어지고 거칠어지면 고를 받게 되는 것입니다.

이 몸이 다했을 때에도 거친 성품이 되어버렸기 때문에 고를 받을 것입니다.

어떤 사람은 자극적인 것과, 강한 자극을 통해서만 자기만족을 가져오는 경우가 있는데, 그러한 습이 쌓이다보면 신경질적이 되고, 자기 안정감을 잃어버리고, 자기 안정감을 잃어버린 상태는 거친 성격이 되고, 이 몸을 키워가는 가운데서 거친 마음이 되어버리면 그 다음은 어떻게 되겠습니까?

현실적으로 사회가 안 좋아지고 어지럽다고 하는 문제에 그치지 않고 환경이 나빠집니다.

이 환경이라고 하는 것은 누가 있어서 좋은 일을 하면 상을 주고 나쁜 일을 하면 벌을 주는 것이 아니라 마음과 환경이라는 것은 근본 뿌리에서는 본래 하나입니다.

인간계에 태어난 것도 인간계에 태어날 만한 마음상태가 되었기 때문에 인간계에 태어난 것이고, 지옥에 태어난 것도 마음이 거칠고 억세고 그 마음이 어둡기 때문에 그 세계를 자기가 만들어서 간 것입니다.

또 천상도 마찬가지입니다.

밝고 따뜻하고 맑은 마음을 키웠기 때문에 그 착한 마음이 뿌리가 되어서 천상이 나타난 것입니다.

천상이라고 하는 복스러운 환경이나, 인간이라는 환경이나, 지옥이라는 환경이나 그 환경을 누가 만들었는가?

살고 있는 환경은 자기가 만든 것입니다.

그렇기 때문에 우리들이 살고 있는 이 생활 가운데서도 마음을 따뜻하고 부드럽고 아름답고 곱게 쓰면 사회 환경을 밝게 할 뿐만 아니라 궁극적으로는 그 사람이 천상에 간다거나 극락에 가는 것은 별개로 치더라도 이 국토가 아름다워집니다.

가정이 아름답게 만들어지고 그 사람의 인격이 좋아지는 것입니다.

알고 하면 허물이 없는데, 모르고 하면 그것이 사견심이 되어 버립니다.

무심이 도는 아니지만, 우리는 무심을 배우는 사람이 아닙니까?

옳은 생각, 그른 생각, 착한 생각, 악한 생각도 다 버리라고 했는데, 하루라도 시비를 가리지 않고는 살지 못합니다.

여여불변할 때 영겁불망이 되는 것입니다.

옳은 일도 옳은 일이 없고 착한 일도 착한 일이 없습니다.

그저 여여하게 부드럽고 아름답게 삽시다.

시간이 끊어진
영원입니다

우리의 마음이라는 것은 맑은 물에 비친 그림자와 같습니다.

하늘을 날아가는 새도 비추고, 구름도 비추고, 나무도 비추고, 그것은 비추는 것이지 자체가 있는 것이 아닙니다.

모든 것은 변하는 것이기 때문에 이 변하는 것 그것이 참으로 있는 것으로 알다보면 속는 것입니다.

내 마음이라는 것, 내 생각이라는 것도 자꾸 변합니다.

환경 조건에 따라서 자꾸 바뀝니다.

아까는 안 그랬는데 지금은 그렇다던가,

삼 년 전에는 안 그랬는데 지금은 다르다던가,

생각이 점점 달라지는 것입니다.

그러니까 이 마음이라는 것은 덧없는 것으로 알아야 합니다.

대부분의 사람들은 이 몸뚱이가 전부인 줄 알고 이 눈으로 보는 세상이 전부인 줄 알기 때문에 이 몸을 잃어버리는 것으로 압니다.

그런데 겉껍데기만 보는 것입니다.

우리 몸의 겉모습만 앞뒤로 거울에 비춰보고 내 몸만 보고 있는 것이지 내 마음 내 생명은 보지 못하는 것입니다.

생명은 보지 못하지만 없는 것이 아닙니다.

생명이 있어서 다친 몸도 새로워지고 작은 몸도 커지고 변화를 가져오는 데 있어서 대응할 수 있는 힘이 생기는 것입니다.

보이지 않는다고 해서 없는 것이 아니라 참으로 있는 것은 보이지 않는 가운데 있습니다.

눈을 뜨면 그것을 본다는 것입니다.

육체로 자기 몸을 삼고 생각의 그림자로 자기 마음을 삼아서 거기에 현혹되어서 범부가 되는 것이며, 자기의 본래 밝은 광명을 잃어버리는 것입니다.

우리들은 여기서 이 몸을 가지고 살고, 이 세간 물질을 가지고 살고, 이 생각을 움직여 가지고 살 때 이것은 뜬구름 같은 것입니다.

참으로 있는 것은 내 눈에 보이지 않는다 하더라도 호흡하고 말하고 생각하고 있는 이것, 눈에 안 보이지만 참으로 있는 것을 의심할 수 없습니다.

그렇게 알아서 육체와 물질과 감각경계에 매어있는 데서부터 벗어나게 될 때 바로 부처님과 무한공덕 세계에 통로가 열리는 것입니다.

각자가 불성이라는 것을 모르고 각자가 번뇌에 끄달리고 있습니다만 만인이 불성입니다.

그래서 모두가 성불한다는 것입니다.

부처님 당시 인도에서 선한 생각이 조금도 없는, 선근이 조금도 없는, 정말 악의 종자라고 알려졌던 자도 성불한다고 했습니다.

선근이라고는, 착한 뜻이라고는 털끝만큼도 없는 악의 뭉치라고 이르는 악당도 성불한다고 부처님은 설하십니다.

만인의 성불을… 영겁의 생명으로서 영원히 머무시면서 우리와 함께 하시고, "만인은 불성으로서 누구나 성불한다." 하고 확인하십니다.

열반은 또 무슨 뜻인가?
니르바나를 한문으로 적어서 열반이라고 합니다.
번뇌가 다한 경계를 말하는 것입니다.
범부 입장에서 말하는 것입니다.
번뇌의 불길이 활활 타오릅니다.
눈으로 봤을 때는 눈에서,
귀로 들었을 때는 귀로 듣는 소리에서,
생각으로 헤아렸을 때
생각에서 온갖 불길이 활활 타오릅니다.

번뇌의 불길이 다 타버리고, 나무가 다 타고, 기름이 다 타고, 재도 다 날아가 버렸습니다.
아무 것도 없는 상태, 번뇌가 완전히 끊어진 상태를 말합니다.
이 세간 불행과 고통과 윤회 등 일체가 바로 번뇌에서 오는 것이고, 생사가 바로 번뇌인데 번뇌가 다함으로써 그 중생고는 다 끝입니다.

생로병사가 끝이며 윤회가 끝입니다.
중생세계가 끝입니다.
막힘이 있는, 한계가 있는, 장애가 있는 세계의 끝입니다.

191

가장 원만한, 가장 완전한 진리 자체에 복귀하는 것을 열반이라고 하는 것입니다.

시간이 있고, 장애가 있고, 고통이 있고, 변멸이 있는 것은 중생세계입니다.

그 모두를 떠난 진리의 세계를 니르바나라고 합니다.

얽히고 속박 받는 데서부터 벗어났다는 것이며, 즉 해탈입니다.

그리고 이 세계는 영원할 뿐입니다.

시간이 끊어진 영원입니다.

그리고 이 세간이 고통이냐 하면 고통이 아닙니다.

일체 번뇌가 끊어졌기 때문에 순수한 진리, 완전한 진리, 그리고 법 그것뿐이기 때문에 끝없는 즐거움이 충만하게 됩니다.

마음이 바로
실천행입니다

마음이 다소곳이 숙여지면 몸도 저절로 숙여집니다.

그래서 마음이 근본이란 겁니다.

그렇기 때문에 마음이 얼어붙으면 추운겨울과 같습니다.

아주 잔뜩 얼어붙은 얼음과 같아서 마음이 쉽게 녹질 못하는 것입니다.

그러나 우리의 마음이 봄이라면 산천초목은 조화를 이루겠지요.

향기롭고 푸르게 말입니다.

물은 자연스럽게 흐르고, 어디에도 걸림이 없이 그렇게 흐를 뿐입니다.

그와 같이 마음도 봄이라면 푸르고 조화를 이루면서 도도하게 강물처럼 흐를 것입니다.

큰 강물에 먹물이 들어가든 흙물이 들어가든 빗물이 들어가든 항상 한 강물이 되듯이, 그렇게 마음의 지혜를 넓히고 상대를 이익되게 할 수 있는 그런 도량이 크다면 아무하고나 같이 살아도 상관이 없는데, 도량이 넓지 못하다면 무슨 일들이 많이 생기게 되는 것을 봅니다.

유유상종이라고 하지요. 금 있는 데 무쇠가 갈 리 없고, 또 무쇠 있는 데 금이 갈 리 없고, 세상 진리가 그러하지 않은가 이렇게 봅니다.

사람의 마음이 바로 생각하는 대로 지혜가 넓고 적고 하는 차원에 따라서 여러분이 그렇게 세상살이를 하고 있지 않은가 생각합니다.

모든 게 다 그렇습니다.

다 놔서 다 얻었다면 모든 일체 중생들이 너 나 할 것 없이 천차만별로 달라고 하더라도 조건 없이 줄 수 있는 그런 것이 완결돼야 바로 바람을 거슬러 가는 향도 있겠지요.

그렇지 않다면 그냥 바람 부는 대로 흘러가기만 할 수밖에 없잖습니까.

바람을 거슬러 가는 향도 사방팔방에 모든 향음이 어느 법계에 어느 중생에게나 닿지 않는 데가 없기에 종소리가, 종을 치면 종소리가 났는데, 그 종소리를 일체 만물이, 만물만생이 다 듣듯이 말입니다.

그래서 그 모두가 우리 마음의 문제라고 하는 겁니다.

마음을 계발하고 발전시키는 데 문제요.

발전시키려면 이롭게 발전을 시켜야 됩니다.

그럼으로써 그 공부까지 마친 사람에 한해서는 사방이 툭 터져있습니다.

지붕도 없을 것이요,

땅도 따로 없을 것이요,

그래서 경계가 없어집니다.

자기가 이 세상에 나왔으니까 나쁜 일이든지 좋은 일이든지 생기는 것이 모든 게 자기 탓일 뿐입니다.

상대성 원리가 어디에서부터 생겼습니까?
나로부터입니다.
그러니까 내 탓으로 돌려야 합니다.
모든 벌어지는 일은 내 탓으로 돌려야 합니다.
내가 이 세상에 왔으니깐 부딪침도 있고 그래서 상대도 생겼고, 세상도 벌어졌고 우주도 벌어졌습니다.
그러니까 내 탓으로 돌리게 되면 화목을 도모할 수도 있고, 의리와 도의를 절대로 허탈하게 생각을 안 하게 됩니다.
그리고 부드러운 행동과 부드러운 말로 항상 자기 탓으로 돌리면서 감사함을 느끼고 돌아가는 것이 자타가 일시에 성불할 수 있는 보살행이라고 하는 겁니다.

우리가 내면에 자기 자성선을 세우고, 즉 말하자면 선이 중심이 되고, 찰나찰나 공해서 돌아가니까, 무(無)란 것이요. 공(空)일 뿐입니다.
그래서 여러분한테 각자 스스로가 주인공이라고 하는 겁니다.
그러니 자기 주인공에 나쁘게 돌아가는 것은 안팎을 비롯해서 나쁜 생각이 나오고, 나쁘게 나오니 닥치는 것도 나쁠뿐, '나쁘게 나오게 하는 것도 나니까 좋게 돌려서 나오게 하는 것도 나 아니냐!' 하고 제자리로 돌려 놨을 때, 잘해 나가고, 안에서도 좋은 마음이 생기고 바깥에서도 좋은 행을 하고 좋은 일을 하고 착한 일을 하고, 이럴 땐 감사하게 놓고, 그 깊은 내면세계를 떠나지 않고 물러서지 않는 그 마음이 바로 실천행이라고 생각합니다.

보살행, 실천행이 따르지 않고서는 우리가 향을 피워 놓고, 초를 켜 놓고, 아무리 빌어 봤던들 공덕은 하나도 없는 것입니다.

여러분, 진짜로 나를 이끌어 가고 진짜로 나를 이익되게 하는, 그리고 업보를 타파하고 과거의 모든 것을, 번뇌 망상 생사윤회……

모든 것을 타파할 수 있는 그 에너지는 바로 자기가 가지고 있는 것입니다.

마음을 언제나 봄처럼 만듭시다.

태어났다고 해서 다
사람이 아닙니다

우리네 중생들이 일체 살아나가는 도리가 바로 한마음 속에서 나오는 겁니다.

우리 스스로 가지고 있는 능력이, 유(有)의 법, 무(無)의 법, 만법을 다 할 수 있는 그 능력이 나한테 있구나 했을 때 그 능력이 바로 보배요, 부처라고도 하지요.

그런데 사람이 그렇게 하심이다 방하착이다 하기 이전에 마음으로 진실하게 기도하고 내가 절을 할 수 있는 겸손을 가져야 한 번을 절하든 두 번 절을 하던 자기가 몸을 구부릴 수가 있는 거지, 마음으로 구부리지를 못하는데 어떻게 몸이 구부러지겠어요.

그래서 안과 밖을 마음으로써 겸손함을 가지고 구부릴 수 있다면 몸도 구부릴 수 있다고 하는 겁니다.

마음이 구부려지지 않으면 몸도 구부려지지 않습니다.

기도는 하려는 마음에 달려있을 뿐, 멀고 가까운 곳이 없는 것입니다. 왜냐하면 마음은 체가 없어서 멀고 가깝고가 없기 때문에 능히 모든 것을 할 수가 있다는 사실을 분명히 아셔야 합니다.

그리고 한 생각이면 벌써 하나가 되는데 뭘 그렇게 주저합니까?

한 생각인데 말입니다.

한 생각 먹기에 달렸는데….

알고 보면, 멀리 있고 자주 못 와보고 하는 문제가 아니라 한 생각을 어떻게 했느냐에 따라서 지혜 있는 사람은 넘어설 것이고, 지혜 없는 사람은 넘어서지를 못하겠지요.

그러니 당신의 근본과 나의 근본이 둘이 아니라는 사실을 분명히 아시고, 일체제불과 직결된 그 근본 안에 그 모든 것을 맡기고 살아가세요.

아무 말이나 하고 아무렇게나 생각해서는 절대 안 됩니다.

깨우쳤든 못 깨우쳤든 생각을 잘하고 마음을 잘 다스리면서 나갈수 있는 믿음과 자기를 돌이켜보는 마음이 진실하다면 망상이니 뭐니 하는 것에도 걸림없이 그대로 여여한 것이 바로 열반계에 드는 것이요, 그것이 바로 자유인이 되는 길입니다.

인간의 육신을 가지고 태어났다고 해서 다 사람이 아니라, 사람의 마음으로 다시 탄생을 해야만이 어떤 일이든지 해낼 수 있으며, 보이지 않는 데서 오고 감이 없이 모든 것을 이루어 나갈 수 있고 진정한 무주상 보시를 할 수 있는 진짜 사람인 것입니다.

우리들의 마음이라는 것은 본래 갖추어져 있어서 손색이 없다는 사실을 분명히 알아야 합니다.

한 생각에 천당에 갈 수도 있고 한 생각에 지옥에 떨어질 수가 있는 것이니까요.

그래서 물질로만 남에게 좋은 일을 하기보다도 마음으로 좋은 일을 할 수 있다면 물질의 도움보다 끝 간 데 없는 보시를 할 수 있는 것입니다.

좋은 인연에는
어떤 것이 있을까요?

살아가면서 우리는 많은 인연을 만나게 됩니다.

좋은 인연을 만나게 되면 서로가 편안하고 유익하지만, 나쁜 인연을 만나게 되면 서로 간에 짜증과 분노가 치밀게 되고, 급기야는 서로가 파멸의 길로 치달을 수도 있습니다.

부부간에도 악연이 만나게 되면 서로가 싸우고, 미워하고, 원망하며 원수처럼 지내게 됩니다.

반면에 선한 인연으로 만나 부부 연을 맺게 되면 서로가 이해하고, 아껴주고, 사랑하며, 걱정해 주는 다정한 사이가 되는 것입니다.

아무리 착하게 살아도 남에게 이용만 당하고, 사기를 당하고 피해를 보는 사람이 있습니다.

이는 전생의 악연을 이 세상에서 그와 같은 인연으로 다시 만난 것입니다.

인생은 너와 나와의 인연입니다.

선연이든지 악연이든지 항시 서로가 만나고 헤어지고 하는 자체가 인생인 것입니다.

산다는 것은 인연을 맺는 것입니다.

많은 만남 중에서 진실한 만남은 그렇게 흔한 것이 아닙니다.

평생 몇 번의 운명적인 만남을 가질 뿐입니다.

그렇다면 좋은 인연에는 어떤 것이 있을까요?

첫째는 깊은 만남을 갖는 인연이 있습니다.

혼과 혼, 마음과 마음, 생명과 생명, 인격과 인격이 서로 포용하는 깊은 만남이 중요합니다.

일시적이고 단편적이고 피상적인 만남은 큰 의미가 없습니다.

나와 부처님과의 만남은 깊은 만남이요,

도반과 은사 스님과의 만남 또한 깊은 만남입니다.

반면 길을 가다가 누가 방향을 묻는다든지 가게에서 물건을 사면서 주인과 얼굴을 마주하는 식의 만남은 일시적인 만남입니다.

사람들은 흔히 이와 같은 일시적인 만남에 대해 너무나 민감한 반응을 나타내는 경우를 종종 봅니다.

예를 들어 남 앞에서 자신의 존재를 드러내기 위해 열심히 화장을 하고, 좋은 옷을 입고, 머리를 손질하고, 몸매를 가꾸는 등에 많은 신경을 쓰는 경우가 있는데, 그런 행위에 몰두한다는 것은 부질없는 일입니다.

둘째로는 생산적이고 창조적인 인연이 있습니다.

서로 만남으로써 자신도 진실해지고 상대방도 진실해져 함께 빛과 힘을 얻는 경우입니다.

이러한 만남 속에는 진솔한 감격이 있고, 정신적인 의지처가 있고,

삶의 보람이 있습니다.

하지만 세상에는 서로를 증오하는 파괴적인 만남이 얼마나 많습니까?

우리 옛 속담에 "사촌이 땅을 사면 배가 아프다."는 말도 있습니다.

이렇듯 상대방의 잘못된 모습을 보고 좋아하는 인연이 많다면 얼마나 불행한 만남인가요?

과연 내 주위에는 선한 인연이 많은가요?

악한 인연이 많은가요? 깊이 생각해 보고 선한 인연이 많아지도록 노력해야겠습니다.

셋째로는 행복한 인연입니다.

퇴계와 율곡의 만남, 부처님과 가섭의 만남, 나와 부처님과의 만남, 소크라테스와 플라톤의 만남, 괴테와 실러의 만남, 예수와 베드로의 만남, 이러한 만남에는 영혼의 교류가 일어나고, 정신적인 충족감이 생기며, 종교의 혁명이 일어나고, 학문과 예술의 꽃이 핍니다.

이것이 지극히 행복한 만남입니다.

이러한 인연이 인간의 정신을 새롭게 하고 생의 차원을 더 높게 되는 것입니다.

우리는 인생의 넓은 광장에서 될 수 있으면 깊은 만남, 창조적인 만남, 행복한 만남이 많아지도록 노력해야겠습니다.

"너와 나의 만남은 전생에 깊은 인연이 있었기에 나의 운명에 큰 이로움을 주었고, 다시 또 이 세상에 태어난다 해도 나는 꼭 너와의 만남을 위해 기도하겠다."는 심정이 되어야 합니다.

너는 전생에서 나의 아내였던가? 애인이었던가?

아들이었던가? 제자였던가? 친구였던가?

이처럼 깊은 만남, 우리는 이러한 만남을 가져야 합니다.

만남 그리고 인연이란 말은 참으로 운치있는 말입니다.

너와 나와의 성실한 만남 속에서 인생의 행복함을 찾을 수 있습니다.

나는 성실한 내가 되고, 너 역시 성실한 네가 되어 성실한 너와 내가 성실한 자리에서 성실한 만남을 가질 때 우리의 만남은 정말 깊고 행복하고 창조적인 만남이 될 수 있습니다.

이러한 인연을 맺고 싶어 하는 것이 바로 우리의 간절한 소망인 것입니다.

보이고 들리는 것에
의지하지 마세요

우리 중생들은 항상 자기를 다스려 나가면서 어떠한 괴로움이 닥친다해도, 설사 남으로 인해서 망했다 할지라도 '만약 내가 없다면 이런 일도 없었을 것이고, 내가 없다면 남도 없지 않은가,' 하고 생각하고, 자기 마음 주인공에 맡겨놓고 부드럽게 말해 주고 부드럽게 행동해 준다면 오래지 않아 문제는 해결될 것입니다.

그러니 괴로울 것도 없는 것이죠.

내가 저이를 가르쳐줘야겠다,
내가 한마디 해줘야 되겠다,
저이는 저렇게 틀렸어 하는, 가끔씩 올라오는 그 생각들도 다만 나의 생각에 지나지 않을 뿐만 아니라 오히려 나를 가르치기 위해서 나투어 보여주는 모습이라는 걸 알게 될 겁니다.
모습은 각각일지언정 마음은 둘이 아니라는 것을 놓치지 않는다면 여유있게 그 마음들을 바라볼 수도 있으리라 봅니다.

돈이 많아서 부자가 아니라, 돈이 없어서 가난이 아니라 마음에서 비롯합니다.

마음이 가난하다면, 모든 게 가난하니까, 모든 면에서 쪼들릴 수밖에.

남한테 원망이나 받고 남한테 발길에 채이기나 하고 미움이나 받고 이러는 거죠.

되는 노릇이 없고 또, 모든 사람들이 따돌림을 하는 것도 자기가 그렇게 만들어 놨기 때문이죠.

그러니깐 한 생각을 잘 하면 일체 만물 만생이 다 같이 하고 있기 때문에 누구나 더 없이 참 부자인 거죠.

보이고 들리는 것에 의지하지 말고 보고 듣게 하는 근본을 지켜보세요.

그 근본에서 일체가 다 나오는 것이라는 것을 안다면 보이고 들리는 것에 매이지 않을 것입니다.

그냥 보고 참작하고, 먹을 건 먹고 버릴 건 버리면서 자신이 스스로 그렇게 해야 합니다.

관습에 이끌려도 안 되고, 보이고 들리는 것이 전부라고 해도 안 되고 집착을 해도 안 됩니다.

모든 것은 공해서 찰나찰나 돌아갈 뿐이니까요.

붙들고 늘어지면 오히려 고가 생기죠.

그리고 벗어날 수 없이 첩첩이 쌓입니다.

끄달리지 말고 그런 의정이 나오는 것도 주인공 뿌리이니 그 자리에 모든 걸 맡기세요.

그 어떤 것도
내 것이 아닙니다

무엇엔가 구속 받는다는 것은 괴로움이다.
재산을 가진 사람은 그 재산에 구속당하고
자식을 가진 사람은 그 자식에게 구속을 당한다.
진실로 아무 것도 갖지 않은 사람이라야 행복하다.
지혜로운 사람은 무엇이든 자기 것으로 생각하지 않는다.
많이 가지고 있는 사람이 여기저기에 얽매여
그 얼마나 괴로움을 당하고 있는가.
_잡아함경

많이 가지고 있다는 것은 그만큼 그것에 구속당하고 있다는 말이고, 구속받는다는 것은 곧 괴로움입니다.

많이 소유할수록 괴로움은 커 갈 것입니다.

적게 소유해야 좀 더 자유로울 수 있고, 맑게 세상을 살아갈 수 있습니다.

많이 소유해야 행복할 것 같지만 적게 소유하면서 만족하는 것이 더 큰 행복인 것입니다.

많이 소유하면 더 많이 만족해야 하는데 사실은 많이 소유할수록 스스로 만족하지 못하고 더 큰 것을 바라게 마련입니다.

소유는 또 다른 소유를, 욕심은 또 다른 욕심을, 집착은 또 다른 집착을 불러오기 때문입니다.

단출하고 간소하게 살며 작은 것에서 만족하고 살면 이 세상 그 무엇도 나를 괴롭힐 수 없습니다.

많은 것을 갖고 싶지만 어쩔 수 없이 적게 가지는 것은, 마음속에서는 욕심이 가득하지만 능력이 없어 적게 가지는 것은, 그것은 가난이지 소박함은 아닙니다.

가난하라는 것이 아니라 소박하게 적은 것에도 충분히 만족하며 살라는 말입니다.

적게 가졌을 때 사실은 더 많은 것을 가질 수 있습니다.

적게 가졌을 때 더 많은 것을 얻을 수 있으려면 적게 가지고도 충분할 수 있어야 합니다.

단지 그것만으로도 만족할 수 있어야 합니다.

부자는 재산이 많은 사람이 아니라 만족할 줄 아는 사람입니다.

재산이 많아서 부자가 아니라 욕심이 없어야 부자이고, 그것으로 충분할 때 부자이며, 마음이 충만할 때 부자인 것입니다.

많이 가지면 가진 것을 지키기 위해 에너지를 쏟아야 하고, 가진 것이 없어질 때 괴로움을 감당해야 합니다.

그러나 적게 가지면 아무런 걸림도 없이 자유로울 수 있습니다.

적게 가졌을 때, 욕심을 다 놓아 버렸을 때, 지금 이 자리에서 만족할 수 있을 때, 그때 비로소 우리의 행복은 시작될 수 있습니다.

가지지 말라는 말은 아닙니다.

많이 가지더라도 갖지 않을 수 있어야 한다는 말이지요.

지혜로운 사람은 많은 것을 소유하고서도 소유물에 대한 집착을 놓아버림으로써 다 가지고도 다 가지지 않을 수 있는 것입니다 .

지혜로운 사람은 무엇이든 자기의 것으로 생각하지 않습니다.

'내 것' 이라는 상을 내지 않지요.

자식도 실은 내 자식이 아니고, 재산도 내 재산이 아니며, 사랑도 내 사랑이 아니고, 집도, 명예도, 지위도, 이름도, 육신도……,

그 어떤 것도 내 것이 아닙니다.

'내 것' 이 많은 사람일수록 괴로울 일이 많은 사람입니다.

내 것이면서도 내 것이 아닌 줄 알아야 하겠습니다.

대상에 집착하는 마음을 놓아 버리고 순수하고 맑은 마음으로 모든 것을 소유함 없이 소유해야 하겠습니다.

마땅히 머무는 바 없이 그 마음을 일으킬 수 있어야 하겠습니다.

우리들의 삶의 모습은
어떤가요?

덜된 사람은 착한 사람의 이름을 들으면
미워하고 질투하며
나쁜 소문을 듣고는 도리어 기뻐한다.
착한 사람은 남의 결점을 숨기고
좋은 점은 널리 알리며
나쁜 행동을 보면 어리석음에서 저질렀다고 생각하고
가엾이 여기며 보살펴준다.
살생하지 않으면 오래 사는 과보를 얻고
도둑질을 하지 않으면 큰 부자의 과보를 얻으며
음행하지 않으면 존경과 사랑을 받고
거짓말을 하지 않으면 신용을 얻으며
술에 취하지 않으면 총명함과 지혜를 얻는다.
_현우경

우리네 중생들은 흔히들 나보다 잘난 사람들에게 많은 미움과 질
투심을 내곤 합니다.
또 그 사람의 나쁜 소문이 나면 '그러면 그렇지' 하면서 맞장구를
치기도 합니다.

내 자신에게 그것이 그대로 돌아올 줄은 모르고서 말입니다.

우리네는 이 세상을 살면서 많은 잘못을 저지르기에 그 맞장구를 친 것도 다시 나에게로 돌아올 것입니다.

우리는 부처님 법을 배우는 같은 도반들입니다.

같은 배를 탄 도반들이기에 잘못한 것이 있으면 감싸 않을 것은 감싸 않고, 고쳐야 할 것이 있다면 바로 고칠 수 있도록 도와줘야 합니다.

멀리 생각을 하지 마세요.

내 육신을 가만히 살펴보세요.

내가 나를 알지 못한다면 남을 알지 못하고, 내가 나를 이끌어가지 못한다면 남을 이끌어줄 수 없고, 내가 있기 때문에 세상이 생겼고, 상대가 생겼고, 가정이 생겼고, 나라가 생겼고, 천태만상으로 생긴 것이 바로 나로 인해서 생겼다는 그 사실을 잊어서는 아니 됩니다.

돈이 있든 없든, 가난하든 부자든 막론하고 절대적으로 이것은 필수적으로 알아야 한다는 사실입니다.

여러분이 마음이 있다는 사실, 그 마음으로 인해서 움직인다는 사실, 그리고 맛을 본다는 사실, 이것만이 우리가 만족하게 생각하고 감사하게 생각하고 그 은혜를 잊어서는 안 됩니다.

부처님께서 깨달으신 바 그 마음은 한량없는 지혜의 마음이요, 한량없는 자비의 마음이라고 합니다.

내가 누려야 할 즐거움을 모두 같이 누리도록 하는 자(慈) 무량심, 이웃이 겪는 고통을 덜어주고 같이하는 비(悲) 무량심, 고통을 여의고 낙을 얻어 기쁨을 주는 희(喜) 무량심, 밉다 곱다하는 차별심을 버려 모두에게 봉사하는 사(捨)무량심, 이것이 부처님께서 깨달으신 마음입니다.

이 마음은 우리 모두가 증득하고 실천해야 하는 종교 윤리적 덕목이고, 생의 목적이기도 한 것입니다.

오늘을 살아가는 우리들의 삶의 모습은 어떤가요?

이웃과 이웃이 단절되어 누가 살아가는지조차 관심없어 하는 몰인정이 새삼스러울 것도 없는 그러한 삶을 살아가고 있습니다.

그러나 이러한 인간관계가 계속되는 사회는 희망이 없습니다.

하기야 한 가정에서도 부모와 자식 사이에 대화가 단절되고, 부부마저도 대화가 없는 마당에 이웃과의 관계 단절을 입에 올려 무엇 하겠습니까?

적어도 모든 일에서 이타적인 삶을 살아가는 무량한 자, 비 · 희 · 사 · 정신과 삶은 이 사회에 희망과 행복이 넘치는 사회로 만들겠다고 하는 원력과 염원으로, 메마른 세상에 단비가 되어 나에게 인연 닿는 대로 오직 내 뿌리를 믿고 모든 것을 그 뿌리에다 믿고 맡겨 놓으면서 사신다면 그것이 진정한 부처님 제자의 모습이겠지요.

자꾸 내려놓는
방하착을 실천합시다

표주박에 기름을 담아 활활 타오르는 불에 부으면
불은 오히려 표주박에 붙어버리듯이
성내는 마음도 그와 같아서 착한 마음을 불태워 버리네.
내 마음속에 증오심을 갖지 않으면
성이 났다가도 쉽게 사라지리라.
소용돌이치는 물이 돌고 돌듯이 성냄도 그와 같나니
비록 한때 화났다 해도 욕하지 말고 미움을 깊이 두지 않으면
스스로 상하지 않으리라.
자기를 잘 다스리면 자기에게 이익 있으리니
성내지 않고 해치지 않는 사람은 지혜로운 성현이요
그의 제자이니 그를 항상 가까이하라.
온갖 성내는 사람들은 무겁고 두터운 업이 산과 같으리니
한때 화가 날지라도 스스로 조금만 참아 이기면
그는 착한 업 짓는 이로서 야생마 길들이듯 하네.
_별역잡아함경

활활 타오르는 불에 표주박으로 기름을 부으면 그 기름만이 타는
것이 아니라 기름을 담았던 표주박에까지 불이 옮겨 붙어버립니다.

부처님께서는 이것을 보시고 사람들의 성내는 것도 그와 같아서 비록 많지는 않지만 내 마음 속 착한 마음도 불태워 버린다고 하셨습니다.

우리가 성을 내는 것을 보면 어느 한 순간에 일어납니다.
마치 저 표주박이 일순간에 불에 붙어버리듯이 말입니다.
그 순간만 잘 넘기면 그 성냄이 없어질 것인데 그것을 못 참아 다른 사람들에게 깊은 상처를 줍니다.
다른 사람에게만이 아닌 본인 스스로에게도 상처를 줍니다.
성을 낸 후 바로 돌아서서 후회를 해 본들 한번 뱉어 버린 말은 한번 불태워진 것과 같이 되돌릴 수 없습니다.

우리 옛말에서도 '세 번 참으면 살인도 면한다' 라는 말이 있습니다.
화가 나는 일이 있더라도 한 번 두 번 이렇게 생각하다보면 굳이 성을 내지 않아도 되는 길이 있을 것입니다.

우리가 기도를 하다보면 화나는 일이 많아지기도 합니다.
그것은 기도가 부족한 것이 아니고 자신의 지난 악 업이 자신을 다 그치는 것이니 기도하는 것을 도와주는 것이라 생각하시기 바랍니다.
다만 화는 내지 말아야 겠지요.
화나는 마음을 참는 것 이것이 기도입니다.
남편에게 아내에게 듣기 좋은 말 놔두고 싫은 소리 한마디 한마디

하는 것이 부부의 사랑과 믿음도 깨뜨리기도 합니다.

오로지 내가 나를 굴릴 줄 알고, 내가 내 몸 속에 있는 자생 중생을 굴릴 줄 알아야만이 바깥에 있는 만 생명들의 그 의식을 같이 굴릴 수 있는 것입니다.

마음을 조절할 수 있다는 얘기입니다.

그러니 악하게 마음을 먹는 자는 마음을 조절함이 갈수록 그 능력이 미약해지지만, 악하지 않고 조건없는 사랑을 할 수 있는 마음의 지혜가 넓은 사람은 반드시 자유스럽게 실천할 겁니다.

악한 자에게는 열쇠가 돌아가지 않지만 진실하고 착한 자에게는 그 열쇠가 돌아갑니다.

그러니 그렇게 되려면 평소에 생활을 하면서도 남에게 섭섭하게 말하지 말고 섭섭하게 행동하지 말고 항상 부드럽게 대하면서 상대의 부족한 면을 보더라도 '아, 몰랐을 때 내 모습이지.' 하고 둘 아니게 놓아간다면 언젠가는 상대와 나라는 생각들이 녹아지고 다 나 아님이 없음을 알게 될 겁니다.

남들은 다들 쉽게 그러고 있는데 나 자신만 힘들게 그리 못하고 있다는 생각으로 놓고, 놓고, 또 놓고 자꾸 내려놓는 방하착을 실천합시다.

마음의 도둑

마음 단속을 잘못하면 평생 고생하고, 죽어서도 지옥이나 축생의 보를 벗어나지 못합니다.

마음의 문단속을 잘 해야 하는데 그러기 위해서는 내 자신의 마음의 대문, 마음의 창문이 어디에 있는지 알아야 합니다.

마음의 도둑은 여섯 곳으로 들락날락 합니다.

여섯 곳이라 하는 것은 눈, 귀, 코, 혀, 몸, 뜻(眼耳鼻舌身意)이며, 육창(六窓)이라고 합니다.

이 여섯 문만 잘 닫아 놓으면 마음 도둑은 들어올 수 없기에 깨끗한 본래 마음이 그대로 보존되는 것입니다.

그러면 왜 여섯 곳을 마음 도둑이 드나드는 창문이라고 할까요?

안이비설신의 육근(六根)을 통해서 탐내는 마음, 성내는 마음, 어리석은 마음, 이 삼독심(三毒心)이 일어나고, 삼독심이 마음의 때가 되어 부처님과 같은 깨끗한 마음을 흐려지게 하기 때문입니다.

그러므로 도둑은 이 삼독심이고, 허술한 창문은 안이비설신의 등 여섯 감관인 것입니다.

눈으로 봄으로써 내 분수도 모르면서 물건을 사고 싶다는 탐심이 생기고,

귀로 들음으로써 내 듣기 싫은 소리를 들으면 머리끝까지 화를 내는 진심이 생기고,

코는 꽃향기와 같은 좋은 냄새는 좋아하고 나쁜 냄새가 나면 오만 상을 찌푸리고 싫어하고,

혀는 단맛만을 좋아하고 쓴맛은 싫어합니다.

우리 몸뚱아리는 부드러운 것을 좋아 하고, 뜻은 자기의 뜻과 같은 것은 좋아하고, 반대되는 것은 싫어합니다.

자기 뜻대로 안 되면 분한 마음, 성내는 마음을 갖게 되고 온갖 어리석은 생각으로 이 궁리 저 궁리 하게 됩니다.

싫다, 좋다 라고 가리는 것이 우리네 마음을 흐리게 하는 큰 도둑입니다.

중국의 승찬 대사는

"도에 이르는 것은 어려운 것이 아니다. 오직 차별을 꺼릴 뿐"이라 하셨고,

"다만 사랑하고 미워하는 마음만 버리면 도에 이르는 길이 확연히 드러나게 된다"고 하셨습니다.

우리가 잘 아는 법구경구절에는 이런 대목이 있습니다.

"'그는 나를 욕하고 상처입혔다. 나를 이기고 내 것을 빼앗았다'

이러한 생각을 품지 않으면 마침내 미움이 가라앉으리라"

자신의 삶에는 별로 관심이 없을 것 같았던 이 구절이 어찌 하다 스스로가 시비에 휘말리고 그 소용돌이 속에서 불자에게서는 있어서는 안 되는 자존심과 아상(我相)이 자리 잡고 있음을 확인하라는 말

씀입니다?

 '한 생각 본래 실체 없음'이라는 空의 진리는 왜 미움과 아상(我相)
앞에 무기력한 것인가를 각인케 합니까?
 자신의 본래 면목은 그만 두고, 당장 현실의 생각과 감정과 언행의
흐름마저도 제대로 관찰하고 제어하지 못하는 좋다, 싫다 라는 마음
만은 분별없도록 버리는 연습을 합시다.

 '우리는 이 세상에서 언젠가 죽어야 할 존재'임을 깨닫지 못하는
이가 있습니다.
 이것을 깨달으면 온갖 싸움마저도 사라질 것을 수행자가 여기에
이르러 무슨 말로 대신하고 변명 하겠습니까?
 부끄럽고 부끄러운 일입니다.

다섯 가지
행복의 비결

욕망의 그물이 씌워지고 애욕의 덮개가 덮이고
어리석음의 마음이 결박한다면 물고기가 어부의 손에
들어온 것과 다를 바 없다.

_제법집요송경(諸法集要訟經)

우리들 스스로가 욕망을 절제하지 못하는데서 과소비라는 것도 오
는 것입니다.

수입이 뻔한 이들이 겁도 없이 신용카드로 물건들을 함부로 사는
것을 봅니다.

그 사람들의 마음속에는 분수를 모르는 탐욕이 가득 차 있어서 그
렇습니다.

욕망이 또 다른 욕망을 낳고 결국 끝없는 욕망은 죽음을 초래한다
는 것을 알지 못하는데서 오는 것입니다.

채워도 채워지지 않는 욕망의 노예가 되어서 이 세상 모든 물건을
다 사들이고도 만족할 줄 모르는 사람은 욕망의 노예, 탐욕의 종일뿐
입니다.

부처님께서 말씀하신 욕망이라는 그물에 갇힌 것입니다.

물고기도 처음 그물 속에 갇혔을 때는 그냥 물속인 줄 알고 한동안은 활개를 치다가 그물인 줄 알고 밖으로 빠져나가려 발버둥 치지만, 그때는 이미 늦은 것이지요.

뾰족한 수 없이 어부에게 잡혀 죽게 되고 맙니다.

욕망에 사로잡혀 분수를 모르고 이것저것 다 집어삼키다가 그 속에서 헤어나지 못하고 마침내 자기의 생명마저 잃게 되는 것입니다.

남이 무엇을 샀다고 해서 내 형편은 전혀 생각지도 않고서 무작정 사고 보자는 생각으로 물건들을 구입하는 우리네 일부 어리석은 중생들…….

빚 갚을 길이 없어 스스로 목숨을 끊는 경우도 우리는 종종보고, 또 빚 때문에 유흥업소에라도 어쩔 수 없이 나가는 그런 사람들도 봅니다.

한순간만 더 생각했더라도 그런 불행한 일들은 일어나지도 않았겠지요.

그러니 항상 남과 절대로 비교하지 말고, 내 형편을 스스로 잘 알아야 합니다.

다섯 가지 행복의 비결입니다.

첫째, 욕심을 줄이십시오. 욕망을 충족시킬 것이 아니라 욕망을 적게 하는 것입니다.

둘째, 적당함을 권합니다. 적당함이란 결코 대충대충 중간에서 그만두는 것이 아닙니다.

뜨거운 물을 좋아하는 사람에게는 뜨거운 물이 적당한 것입니다.

미지근한 물을 좋아하는 사람에게는 미지근한 물이 적당합니다.

각각의 적당함이 있습니다.

자기 자신의 적당함을 모자란 듯이 정해서 습관화하는 일이 자기 자신의 행복을 움켜쥐는 일입니다.

셋째, 집착하지 마십시오.

사물을 보는 눈은 각각 다릅니다.

이것이 있으니 저것이 있다는 부처님의 말씀을 되새겨서 이것 아니면 저것이 또 있다는 생각으로 찰나에 전환하고 절대로 자신의 견해에 집착해서는 안 됩니다.

넷째, 차별하지 마십시오.

모두가 관세음보살입니다.

모든 사람이 관세음보살이라고 믿는다면 자신 또한 관세음보살임을 알게 될 것입니다.

그러면 자기가 지금 살고 있는 모습 그대로가 정말로 행복합니다.

다섯째, 감사하는 마음을 가지십시오.

예를 들어 지금 차 한 잔을 마신다면 차향을 즐기며 만족하지 말고 그 차가 내손에 오기까지의 과정부터 마지막 빈 잔에까지 합장하고 감사하는 마음을 오늘부터 가져봅시다.

선과 악은
본래 자식과 같은 것

마음은 모든 법의 근본이 되어
마음이 주가 되어 마음을 부린다.
마음속으로 악을 생각해
그대로 말하고 그대로 행하면
죄의 괴로움은 스스로 따르는 것
수레가 바퀴를 따르는 것 같으리.
마음은 모든 법의 근본이 되어
마음이 주가 되어 마음을 부린다.
마음속으로 선을 생각해
그대로 말하고 그대로 행하면
복의 즐거움은 스스로 따르는 것
그림자가 형체를 따르는 것 같으리……
_법구경

선과 악은 본래 한 어머니의 뱃속에서 나온 자식들과 같은 것입니다.

그러나 그 선과 악은 너무나도 각기 다른 모습으로 우리들 앞에 나타납니다.

한 어머니가 나은 자식 가운데서도 성자가 있는가 하면 살인마도 나올 수 있습니다.

원 뿌리는 하나인데, 그 열매는 천차만별이기도 합니다.

부처님께선 우리 중생들의 마음을 살펴보시니 모두가 부처님과 같은 지혜와 자비심이 충만하였었는데, 번뇌, 망상에 사로잡혀 지혜와 자비는 어디론가 사라져 버리고 어리석음과 탐욕만이 가득 차 있더랍니다.

그래서 부처님께서는 45년간이라는 긴 시간을 우리 중생들로 하여금 악한 마음을 내지 않고 오직 바르고 선한 마음으로 살아가라는 뜻으로 설법을 하셨습니다.

부처님을 항상 염하고 생각함에 나쁜 짓을 하겠다는 어리석은 그런 마음은 들지 않을 것입니다.

우리는 진실하고 청정한 마음자리를 지키며 가꾸고 있는지를 스스로에게 되물어야 합니다.

우리는 자유, 평등, 평화, 상생이라는 열반의 삶을 등지고 있습니다.

고뇌와 불안으로 얼룩진 오늘의 현실과 그 원인을 바른 안목으로 파악하고 해결하기 위한 수행과 보살행을 실천해야 합니다.

그래야만 부처님은 그 마음에 머무십니다.

'그대들이여, 여자를 찾는 일과 그대 자신을 찾는 일 중 어느 것이 소중한가'

'왕이시여, 물싸움을 하면 많은 사람이 다치고 죽습니다. 물이 소중합니까, 사람의 생명이 소중합니까'

부처님은 이렇게 삶의 진정한 가치를 물었습니다.
답은 너무도 단순하고 명백합니다.

생명의 가치를 꽃피우는 삶의 분명한 선택이 있어야 합니다.
무지와 욕망, 반목과 불화의 삶에서 지혜와 나눔, 화해와 평화의
화엄세계를 이루어야 합니다.
그래야 부처님은 머무십니다.
'자! 이제 길을 떠나라.
모든 생명의 이익과 안락을 위하여,
처음도 좋고 중간도 좋고
마지막도 좋은 말로 법을 설하라'
부처님은 이렇게 법을 전하셨습니다.
우리는 바른 법과 바르지 못한 법을 판별하는 지혜와 정법을 실천
할 확고한 의지가 있는지를 알아야 합니다.

안일한 사고와 욕망의 편의에 따라 현실과 방편이란 명분으로 시
류에 병합하여 정법을 왜곡하고 있는지를 점검해야 합니다.
연기, 무아, 중도의 가르침을 받들어 불신과 패배의식을 극복하고,
밝고 용기있는 인생의 주인이 되어 모든 이웃을 배려하는 삶을 살아
가고 있는지를 돌아봐야 합니다.
지금 이 순간에도 개발과 발전이라는 맹목적 논리 앞에 하늘과 물
과 바람, 풀과 흙이 힘겨워하고 있습니다.

우리네 호흡이 맑은 기운을 받아들이지 못하고 있습니다.

부처님은 '이것이 있으므로 저것이 있다' 라고 가르치셨습니다.

우리 모두가 무한허공 산천초목과 한 몸, 한 마음, 한 생명임을 일깨워 주십니다.

이 정신을 받들어 적게 쓰고 만족하며, 유정물, 무정물 모두를 내 몸으로 사랑하는 환경보살의 길을 가고 있는지를 묻습니다.

'자! 두려워 말고 어서 내게로 오라'

부처님은 똥치는 천민을 향해 손을 잡아 주셨습니다.

인연의 법은 평등과 자비의 실천입니다.

부처님은 부자와 가난한 이, 높은 자와 낮은 자를 구별하지 않으셨습니다.

살인자 앙굴리말라를 교화했고, 계급의 차별과 인권억압을 아파하셨고, 그것들이 본래 없음을 설파하셨습니다.

분별하지 않는 자비의 보살행에 부처님은 오시고 머무십니다. 그래서 시방삼세에 부처님은 항상 하십니다.

바로 지금 지혜와 자비, 자유, 평등, 평화의 생명가치가 조화롭게 실현되는 자리가 바로 부처님 세상입니다.

'자신을 등불로 삼고 법을 등불로 삼아라'

'일체 중생을 공양함이 곧 부처님을 공양하는 것이다'

부처님은 이렇게 당부하십니다.

오늘 우리 부처님의 성스러운 제자들의 삶의 모습이 인류의 등불이 되길 서원합니다.

바로 지금 우리 부처님 오십니다.

그런데 우리 중생들은 이런 부처님 말씀을 들을 때는 착하게, 바르게, 밝게 살자는 마음을 먹으면서도 이 순간이 지나 버리면, 그 마음은 어디론가 사라져 버리고 평소에 하던 행동을 그대로 합니다.

착하게, 바르게, 밝게 살자는 마음을 먹었을 때는 부처님이요,

보살님이었다가 그 마음이 사라져 버림과 동시에 우리는 또다시 중생으로 돌아갑니다.

잠깐 부처님에 긴 중생인 것이지요.

그것을 바꾸기 위해서 우리들의 머릿속에 항상 부처님이 계셔야 합니다.

붙들고 늘어지면
오히려 고(苦)가 생기는 까닭

옛날 인도에 아소카왕이라는 임금이 있었습니다.

이 임금은 평소에 독실한 불교신자로서 스님들을 항상 공경하였습니다.

그래서 길에서 스님들을 만나면 땅바닥에 엎드려 스님들께 예배하였습니다.

그런데 이 왕의 심복 부하 한 사람이 이런 일을 대단히 못마땅하게 생각한 나머지, 어느 날 조용히 임금과 단둘이 있게 되자, 그 일에 대해서 말했습니다.

"폐하! 폐하께서는 이 나라의 왕이십니다.

모든 사람들을 다스리는 지위에 있으신 분입니다.

그런데 매번 길에서 수행자들에게 예배하심은 옳지 않습니다.

앞으로 그 일은 그만 두시는 것이 좋겠습니다."

이렇게 말하자 아소카 임금은 잠자코 듣기만 하였습니다.

며칠 후 임금은 신하들에게 이상한 명령을 내렸습니다.

모두들 시장에 가서 생선의 머리든, 소, 돼지 등 짐승의 머리든 그 머리를 한 개씩 사오라는 것이었습니다.

아무것도 모르는 신하들은 임금이 명령하는 대로 시장에 나가서 머리를 사왔습니다.

그런데 며칠 전 그 심복 부하에게는 아무것도 시키지 않았습니다.

사람들이 다 나가고 조용할 때 임금은 그 심복부하에게,

"너는 나의 심복이니 중요한 일을 시키리라.

너는 밖으로 나가서 사람의 머리를 사오너라."

이렇게 시키자 그 심복은 즉시 나가서 사람의 머리를 가져왔습니다.

그런데 다음날 임금은 신하들에게 또 다른 명령을 내렸습니다.

이번엔 어제 사온 머리들을 가지고 나가 다시 팔아 돈으로 가지고 오라는 것입니다.

만약에 그것을 팔아오지 못하는 자가 있을 때는 왕명을 거역한 죄로 사형에 처하겠다는 엄명을 내렸습니다.

신하들은 재주껏 그 머리들을 팔아가지고 왔습니다.

그런데 심복 부하는 사람의 머리를 들고 시중에 나가서 팔려고 하다가 미친놈이라고 망신만 당하였습니다.

공짜로 준다고 하여도 가져가는 사람이 없었습니다.

그도 그럴 것이 생선의 머리나 짐승의 머리는 삶아 국이라도 끓여 먹을 수 있지만 사람의 머리는 쓸모가 없는 것이기에 사람들이 사지 않는 것이었습니다.

심복 부하는 결국 그것을 팔지 못하고 망신만 실컷 당하고 저녁에야 임금 앞에 돌아와 무릎을 꿇고, "죽여주십시오!" 하였습니다.

그러자 임금님은,

"그래, 사람 머리는 팔아 왔느냐?"

"팔지 못했나이다."

"왜 팔지 못했느냐?"

"사가지 않습니다."

"왜 사가지 않더냐?"

"쓸모가 없기 때문입니다."

"그러면 임금인 나의 목을 자른 머리는 사가겠더냐?"

"대왕마마! 황공하오나 대왕의 머리라도 사가지 않을 것입니다. 결국 쓸모가 없기 때문입니다."

임금은 그 심복에게 정중히 말했습니다.

"그것 보아라.

사람의 머리는 실로 하찮은 것이다.

그런데 이 하찮은 머리를 가지고 숭고한 진리를 얻기 위하여 정진하는 수행자들에게 길에서 예배하는 것이 무엇이 그리 나쁘다는 말이냐?"

우리들의 머리는 얼마나 나갈까요?

우리의 이 몸은 그 자체가 귀한 것이 아니라 어떤 행동을 하느냐에 따라 귀천이 가려진다고 생각합니다.

이 몸으로 사람들을 공경하고 사람들을 위하는 행동을 할 때 이 몸뚱아리의 가치가 있게 되는 것이겠지요.

우리의 이 몸뚱아리 뭐 별 것입니까?

숨 한 번 들어 쉬었다 내 뱉지 못하면 끝이 나는 정말이지 파리 목숨만도 못한 것입니다.

그런 몸뚱아리를 조금만 높은 곳에 있으면 거만해지고 조금 더 배웠다고 우쭐대고, 나 자신을 한없이 낮추어야 높아짐을 알아야 합니다.

우리들은 항상 자기를 다스려 나가면서 어떠한 괴로움이 닥친다해도 설사 상대로 인해서 망했다 할지라도 '만약 내가 없다면 이런 일도 없었을 것이고, 내가 없다면 상대도 없지 않은가,' 하고 생각하고, 자기 마음 주인공에 맡겨놓고 부드럽게 말해 주고 부드럽게 행동해 준다면 오래지 않아 문제는 해결될 것입니다.

　그러니 싸움할 것도 없는 것이죠.

　그런다면 내가 저이를 가르쳐줘야겠다,

　내가 한마디 해줘야 되겠다,

　저이는 저렇게 틀렸어 하는, 건건이 올라오는 그 생각들도 다만 나의 생각에 지나지 않을 뿐만 아니라 오히려 나를 가르치기 위해서 나투어 보여주는 모습이라는 걸 알게 될 겁니다.

　어느 선지식이 게송으로 남긴 글입니다.

　"꿀을 찾는 벌나비는 무엇을 보고 날으는가

　행여나 모닥불을 꽃으로 보지 말게나

　마주보며 사는 인생 못 믿을 일 어디 있나

　한 이불을 같이 덮고 서로 다른 꿈을 꾸네."

　보이고 들리는 것에 의지하지 말고 보고 듣게 하는 근본을 지켜보세요.

　그 근본에서 일체가 다 나오는 것이라는 것을 안다면 보이고 들리는 것에 매이지 않을 것입니다.

　그냥 보고 참작하고, 먹을 건 먹고 버릴 건 버리면서 자신이 스스로 그렇게 해야 합니다.

관습에 이끌려도 안 되고, 보이고 들리는 것이 전부라고 해도 안 되고, 집착을 해도 안 됩니다.

모든 것은 공해서 찰나찰나 돌아갈 뿐이니까요.

붙들고 늘어지면 오히려 고가 생기는 까닭입니다.

깨달아
써먹어야지요

　마음자리에서 보면 모든 인간관계가 털끝만도 못한 것인데, 사람들은 내 아들, 내 딸 하면서 집착하고 또 집착하는 것을 볼 수 있습니다.

　얼마나 살겠다고 이름만 빌린 것을 가지고 그렇듯이 어리석게 집착을 하는지 모르겠습니다.

　이 버릇을 버려 병을 고치지 않으면 온몸이 마르게 고생고생하고 다닐 수밖에 없습니다.

　모두 자기 자식에 집착하여 죽을 길만 찾아다니니 안타깝기 그지없습니다.

　얼핏 보면 부모와 내가 가까운 것 같아도 사실상 멀고 먼 관계입니다.

　늘상 나를 따라 다니는 내 몸도 나와 거리가 먼데, 하물며 부모야 말해서 무얼 하겠습니까?

　본래 자리에서 보면 부모와 나와는 아무 관계가 없습니다.

　부모가 생기기 이전부터, 하늘과 땅이 생기기 이전부터 우리는 있었단 말입니다.

　어머니의 뱃속에서 나왔으니 육체로 보아서는 부모와 가까운 관계라 할 수 있지만, 이 몸뚱이가 내가 아닌 것을 안다면 부모다, 자식이다 하여 집착할 필요가 없지요.

이것을 모르고 중생들은 내 부모, 내 자식에 끄달려 죽을 길만 찾아다니니.

부처님 법 아니면 어디서 이러한 바른 법을 깨우치겠습니까?

또한 이 법을 어디에서 만나겠습니까?

그만큼 이러한 정법을 만나기란 어려운 것입니다.

깨치고 보면 시방세계가 모두 나로부터 나오고, 하늘과 땅, 해와 달을 내가 만들어 낸 것입니다.

팔만대장경이 아무리 훌륭하다 하더라도 내 마음 자리에서 보면 수없이 쓰러졌다 일어서는

바다의 파도만도 못한 것입니다.

경전에 있는 말을 바로 알면 몰라도 짐작으로 알면, 이는 크게 어긋나는 일입니다.

도는 모양이 없는 것이어서 물건과 같이 주고받을 수 있는 것이 아닙니다.

부처님 천 분이 나타나신다 해도 나의 일은 모릅니다.

자기 마음은 오로지 자기가 깨달아 써먹어야지요.

본래 마음자리 앞에서는 팔만대장경도 어쩔 수 없고, 부처라는 "불"자도 보잘것없다는 말입니다.

모두가
"내 할 탓" 입니다

자업자득(自業自得)이라는 말이 있습니다.

내게 생기는 좋은 일, 나쁜 일 모두가 자신으로부터 비롯한다는 말이지요.

그런데 요즘 사람들은 이 말의 의미를 잊고 사는 것 같습니다.

모두가 남의 탓만 하고 앉아 있어요.

이는 죄받을 일, 죽을 일을 만들고 앉아 있는 것과 똑같습니다.

모두가 "내 할 탓" 입니다.

내 마음, 내 공로만큼 받는 것이니 가만있어도 부처님이 복을 지어주시는 것은 아닙니다.

사람들은 매일 세끼 밥을 꼭 챙겨 먹으면서도 법문을 듣는 것에는 게으릅니다.

법문을 듣고 앉아 있으면 다 아는 얘기 같거든요.

그러나 행이 따르지 않는 앎은 아무런 소용이 없습니다.

성불하기 전까지는 알고 있는 내용이라도 법문을 밥 먹듯이 듣고 이를 부지런히 행해야 합니다.

그러나 아무리 좋은 법문을 수없이 들어도 돌아서면 잊어버리는 게 우리 중생들이지요.

아무 일도 없으면 심심해서 무슨 일이라도 일을 만듭니다.

일이 없으면 공연히 걱정스럽고, 또 누군가를 미워하는 마음이 생기면 그것이 모두 헛것인데 그 사실을 잊어버리고 죄지을 일을 만들어 냅니다.

육근(六根)이 무사할 때, 다시 말해서 여섯 도둑놈이 일이 없을 때가 제일 좋은 때인데 사람들이 그걸 몰라요.

그래서 귀 도둑놈, 눈 도둑놈, 코 도둑놈을 만들어 지옥에 가는 일을 만드는 판국입니다.

이래가지고도 불법을 행하지 않는다면 무슨 희망이 있겠습니까?

눈 밝은 이가 보면 고생길이나 죽을 길만 일부러 찾아다니는 것 같아서 안타까울 뿐이지요.

천지의 은혜보다 귀중한 것이 불, 법, 승 삼보입니다.

성불할 때까지 이 삼보를 의지해서 쉼 없이 정진해야 합니다.

좋은 법문을 들으면 그 자리에서 죽어도 좋다는 각오로 말입니다.

아무리 더는 없을 부귀영화(富貴榮華)를 누린다고 해도 "내 마음"을 몰라가지고서는 아무 소용이 없습니다.

물질이 풍부하든 그렇지 못하든 내 마음을 모른다면 귀신이 중간에 끼어들어 속이고 다니며 죽을 길로 끌고 갑니다.

먹을 것과 입을 것을 산더미처럼 쌓아 놓고도 이를 쓰지 못한다면 오히려 물질을 지님으로 해서 남을 해치는 결과를 낳는 것입니다.

어느 때, 어느 곳에서도 나의 주체성을 잃지 않고 마음을 빼앗기지 않는다면, 이것이 세상에서 가장 행복한 일입니다.

행복은 내 마음속에 있는 것이지 조금치라도 밖에 있는 것이 아닙니다.

그런데 사람들은 엉뚱한 곳에 가서 행복을 찾으려고 하니 답답할 뿐입니다.

내 마음을 찾는 공부를 해야지요.

우리가 끌고 다니는 이 몸은 길가에 떨어져 있는 물건을 줍듯이, 주은 것이나 마찬가지입니다.

이 몸뚱이는 분명히 나이면서도 내 것이 아닙니다.

이 몸은 천 번, 만 번 만나보아야 아무런 이익이 없습니다.

살아 보아야 괴롭기만 하지. 뭐, 좋은 일이 있습니까?

밥 먹고, 세수하고, 화장실 가고, 남을 돕거나 해치는 일, 뭐, 그런 거지, 그밖에 다른 무엇이 있겠습니까?

우리는 길에서 몸을 주웠듯이 몸보다 더 중요한 불법을 만나야 합니다.

내 마음속에 보물이 있는데 엉뚱하게 밖에서 구하려고 하니 어리석기 짝이 없는 일입니다.

지금 있는 자리가
어디인지

내 몸 속에 들어있는 모든 생명들이 다 공생으로 돌아갑니다.

그리고 공체며, 공심이며, 공용이며, 공식화하고 돌아가는 것이지요.

가만히 생각해 보세요.

혼자 한 게 없고, 혼자 먹은 게 없고, 혼자 본 게 없고, 혼자 들은 게 없습니다.

그래서 부처님께선 두루 하신다고 하셨습니다.

아무리 이렇게 일러줘도 자신이 이 도리를 실제로 체험해보지 않는다면 절실히 알 수 없습니다.

그러니까 불자라면, 부처는 바깥에 있는 게 아니라 마음 안에, 그 숱한 보살의 이름이 다 내 마음 안에 있다는 걸 꼭 아셔야 합니다.

그러니 부처님도 내 안에 있고, 또 모든 것을 내 안에서 할 수 있다는 믿음을 가지고 그렇게만 받아들일 수 있다면 삶에 커다란 도움을 받게 될 겁니다.

나는 부처님께 잘되게 해 달라고 기도하라고 가르치지 않습니다.

진정으로 해결할 일이 있으면, 자의로서 자기 근본자리에 '나밖에는 해결할 수가 없어' 하고 진실한 믿음으로 자기 안으로 관(觀)해야지 밖으로 구하고 찾아보아야 더 미혹해지기만 하니 그렇게 해서는 안 됩니다.

밖으로 찾으면 벌써 둘이 되는 겁니다.

그래서 나는 기도라는 말을 언급하지 않습니다.

기도라고 하면 벌써 자기 자신을 저 밑에다 내려놓고 밖으로 높은 곳을 향해 허상을 찾게 되기 때문에 직접 관(觀)하라고 합니다.

목마르면 직접 자기가 물을 떠서 마시라는 얘기입니다.

내가 자고 싶으면 그냥 자고, 먹고 싶으면 먹고 하는 것이지, 하늘이 두 쪽이 난다해도 바깥으로 끄달려서는 어떤 것이든 해결을 할 수가 없습니다.

어차피 꽃잎은 떨어질 것을, 그것을 웅크려 쥐고는 어떻게 될까봐 이러지도 못하고 저러지도 못하니 오히려 '고'가 생기는 겁니다.

거듭 얘기하지만 자기 근본을 믿고 놓고 지켜보세요!

나에게 다가오는 일체의 고난과 역경을 공부의 재료로 알고 그 근본에 일임할 수 있어야 문제는 해결되고, 그 체험 하나 하나를 통해서 감응이 오게 되고 참나를 진정으로 만날 수 있게 되는 것입니다.

부모에게서 몸을 받았어도 영원한 참나가 없다면 삼합이 한데 합쳐지지 않아서 태어나질 못할 것입니다.

그리고 과거에 지은 대로 업이 입력되어 있어서 그것이 인연이 되어 뭉쳐진 것이 바로 우리들 몸속에 들어있는 의식들인 것 입니다.

생명들, 모습들 말입니다.

그래서 나와 부처가 둘이 아닌 줄 알아야 과거와 현재를 알고, 자기가 온 곳이 어딘지, 가는 곳이 어딘지 알 것이며, 지금 있는 자리가 어디인지 그것을 상세히 알 수 있다는 얘기입니다.

내 인생의
가장 큰 재산

　우리가 살면서 죄업을 계속해서 지을 때 당장에 그 과보가 나타나지 않으니 죄지은 것도 모르고 당장에 잘못되는 것도 없다보니 '괜찮겠지' 하고 생각합니다.

　그러나 당장에 지은 것이 보여지지 않는다고 내 안에 그 죄의 업장이 없어진 것은 아닙니다.

　다만 잠시 보여지지 않고 있을 뿐입니다.

　분명 인과 연이 닿는 그 인연화합의 순간이 오면 죄의 과보를 온당하게 받아야 할 것입니다.

　그런 작은 죄업들이 쌓이다 보면 어느 날 불현듯 큰 병에 걸려 괴로워하기도 하고, 교통사고가 나 오랫동안 병원신세를 져야 하기도 하고, 잘 되던 일이 결정적인 순간에 무너질 수도 있을 것이란 말입니다.

　그러나 눈에 보이지 않는 세계를 모르다 보니 당장에 돈 좀 더 벌고, 명예나 권력 지위 좀 올라가는 일이라면 아무리 나쁜 짓이라도 쉽게 저지른단 말입니다.

　지혜로운 사람이라면 지금 당장 괴롭고 힘겹더라도 내가 가야 할 길을 차라리 힘겹게 걸어가지 나 자신에게 부끄러운 모습으로 이 법계에 쉬운 길을 택하진 않을 것입니다.

세상을 보면 그렇습니다.

열심히 성실하게 돈 벌어 정직하게 사는 사람이 당장에 좀 못사는 모습도 있고, 온갖 술수를 다 쓰면서 교활하게 사는 사람이 당장에 더 잘 살 수도 있단 말입니다.

그러나 그렇게 보여지는 세계를 가지고 세상 열심히 살 필요 없다고 해선 안 되는 것과 같습니다.

분명 우리 안에는 그 모든 업들이 다 쌓여 있습니다.

다만 지금 당장 그 인에 맞는 연을 만나지 못했을 뿐, 결국에 그 인은 어느 날 연을 만날 것을 왜 모르는지요.

그래서 잘나가던 사장, 회장님이 하루아침에 죽기도 하고, 또 망하기도 하고 큰 병에 걸려 괴로움에 시달리기도 하지 않습니까.

당장 우리 안에 쌓인 업이 터지기 직전에 놓여있는지 어찌 알겠습니까.

내 과거 전생의 죄의 업연을 당장 이 다음 순간 받게 될지 어찌 알겠습니까.

딱 일이 닥치고 나서 그때 가서 매번 후회만 하겠습니까?

미리미리 마음 닦는 삶을 살아야 하고, 복 짓는 삶을 살아감으로써 앞으로 언제 닥칠지 모르는 죄업들을 닦아가야 합니다.

자기도 모르게 복을 짓는 일에도 우리는 분명한 선과를 받습니다.

인생에 있어 선과 악의 과보는 한 치의 오차도 없습니다.

눈에 보이지 않는다고, 이 생에서 좋은 과보를 받지 않는다고, 그 사실을 부정한다는 것은 우매한 소치입니다.

평상심에도 복을 지을 수 있는 마음이 항상 하다면 더 바랄 나위 없겠지만 자주 잊고 사는 우리들이기에 기회가 주어졌을 때 선행을 하는 것도 나쁘진 않겠지요.

더 나아가 복이라는 대가를 바라고 선행을 하는 것이 아니면 좋겠지만 설사 그렇더라도 안하는 것 보단 낫겠지요.

지을 수 있을 때 짓는 것이 진정 복입니다.

복을 짓고 싶어도 기회가 없어서, 또는 마음을 못 내서 복 한번 짓지 못하고 사는 사람들이 어디 한둘입니까.

내 인생의 가장 큰 재산인 복을 쌓읍시다.

지금과 여기

　장님 부부가 살고 있었습니다.

　혼인한 지 서른 해가 되던 날 이 두 장님 부부는 기적처럼 눈을 뜨게 되었습니다.

　부부는 처음으로 마주 바라보았습니다.

　남편이 말했습니다.

　"처음 뵙겠습니다."

　그러자 아내도 남편에게 인사했습니다.

　"그동안 말씀은 많이 들었습니다."

　비로소 인사를 나누게 된 부부는 너무도 행복했습니다.

　그리고 남들에게 말했습니다.

　"당신들도 혼인한 지 서른 해가 되면 이와 같은 인사를 나누게 되기를 빕니다."

　누구에게나 세 가지의 '나'가 있습니다.

　첫째는 내가 생각하는 '나'입니다.

　둘째 남이 생각하는 '나'입니다.

　셋째는 나도 모르는 '나'입니다.

우리는 보통 내가 생각하는 나 또는 남이 생각하는 나를 중심으로 살아가는 경향이 있습니다.

웃음을 웃을 때도 그렇고 옷을 입을 때도 그렇습니다.

하지만 나도 모르는 나는 모르기 때문에 그렇게 살기가 쉽지가 않습니다.

그래서 우리는 대부분 나도 모르는 나에 눈 먼 봉사인 것입니다.

"나도 모르는 나"

그것은 관계로 목숨을 삼는 나인 것입니다.

관계로 목숨을 삼지 않고 내가 생각하는 나나 남이 생각하는 나로 목숨을 삼을 때 우리 삶은 말할 수 없이 힘겨워지는 법입니다.

삶의 온갖 괴로움도 이 부평초 같은 나를 세우는 순간 생겨나는 것입니다.

그러니 '지금 그리고 여기'라는 현실을 살아갈 수 있어야 합니다.

평생을 살더라도 결코 과거를 혹은 미래를 살아갈 수 없습니다.

우리가 사는 삶은 오직 '지금과 여기'일 뿐입니다.

그렇기에 온전한 삶이란 '지금과 여기'라는 현재를 온전히 깨어 살아가는 일입니다.

지금과 여기에 머물러 있으라는 것이 아닙니다.

그냥 순간순간의 '지금과 여기'에서 오직 '살 뿐'입니다.

이전의 '나'를 개념짓지 마십시오.

이전의 내 능력, 내 모습, 내 성격은 아무 것도 아닙니다.

오직 지금 이 순간이 있을 뿐입니다.

지금 이 순간에 온 집중을 기울이면 됩니다.

과거에 관념지어 온 일체의 모든 정신적, 물질적 집착을 놓으라는 말입니다.

그리고 오직 '지금과 여기'에 집중하라는 것입니다.

온전히 현재에 깨어있을 때 과거는 없습니다.

미래 또한 붙을 자리가 없어집니다.

이러한 온전한 자각(自覺)만이 우리를 깨침의 세계로 안내할 것입니다.

깨달음의 시작은 주시(注視), 바라봄(觀), 알아챔에서 옵니다.

온전히 현실을 깨어있으라는 말은 온전히 '지금과 여기'에 집중하여 주시하라는 말입니다.

나이 오십이 되어서야 사십구 년을 잘못 살았음을 알았다는 말이 있지요.

부평초 같은 '나'에 속아 사는 삶은 어제까지로 충분하지 않을까요.

옛 조사스님 말씀에 '수처작주(隨處作住)'라는 말이 있습니다.

처하는 곳마다 주인이 되라는 뜻입니다.

그것은 곧 어디에서 무엇을 하더라도 내 자신의 주인이 되라는 뜻입니다.

무엇을 하며 사느냐는 중요하지 않습니다.

처하는 곳곳에서 주어진 일이 곧 내 일인 것을 알아 최선의 삶을 살면 됩니다.

내 일에 최선을 다할 때, 그것이 곧 자기 자신을 지키는 일이며, 나를 잃어버리지 않는 또 하나의 화두인 것입니다.

"처음 뵙겠습니다."

"말씀은 많이 들었습니다."

내 앞에서
당당해지세요

우리는 수억 겁을 윤회하며 참으로 수많은 행위를 일으키며 살고 있습니다.

수많은 업을 짓고 살았습니다.

지금 우리의 마음속엔 그 오랜 세월동안 지어 온 일체의 모든 업장이 고스란히 다 녹아 있습니다.

선한 마음으로 일으킨 신구의 세 가지 선업도 들어 있고, 악한 마음으로 일으킨 탐진치 3독심도 가득합니다.

누구 하나 선한 업만을 지은 이도 없고, 누구 하나 악한 업만을 지은 이도 없을 것입니다.

누구나 선악의 모든 업을 짓고 살았습니다.

그렇기에 우리의 현실은 괴로움과 즐거움이 공존하는 것입니다.

선업만을 짓고 살았다면 물론 즐거운 일만 있을 것이고, 악업만을 짓고 살았다면 물론 괴로운 일만 있을 테지만, 이 모든 선악의 일상이 우리의 과거이므로 내 앞에 펼쳐진 현실이나 미래 또한 괴로움과 즐거움의 수없는 반복이 될 것입니다.

그러나 이와 같은 인과의 도리를 실천하는 이는 그리 많지 않습니다.

사람들은 절에 오면 좋은 일만 있게 해 달라고 기도를 합니다.

나쁜 일들은 부처님께서 다 거두어 주시고 늘 즐거운 일만 있게 해 달라고 기도를 합니다.

그러나 그건 아니지요. 부처님 앞에서 당당해져야 합니다.

떳떳해져야 합니다.

'내가 지은 것 모두 내가 받겠습니다.'

하는 마음이 진실된 불자의 마음입니다.

즐거움도 괴로움도 모두 받아들이는 것이 불자의 자세입니다.

내 앞에 펼쳐진 일체의 모든 경계는 하나도 버릴 것이 없습니다.

다 이유가 있기에, 원인이 있기에 나온 것입니다.

짓지 않은 것은 절대 나올 수가 없습니다.

안팎의 일체 모든 경계를 다 받아들이는 것이 진정한 불자의 자세입니다.

불교 교리의 핵심을 연기법, 인과법이라 말합니다.

대승불교에서는 '공' 이라 말합니다.

연기와 공을 실천키 위해 '마음을 비워라', '놓아라' 고 이야기합니다.

어떻게 해야 연기, 공을 실천할 수 있고, 어찌 해야 비울 수 있습니까.

모두를 버리고 현실에서 도피하는 것이 진정 비우는 것인가요?

비운다는 것은, 공을 실천한다는 것은, 연기를 실천한다는 것은, 내 앞에 펼쳐진 일체 모든 경계를 있는 그대로 다 받아들여야 함을 의미합니다.

지을 때는 선도 악도 모두 닥치는대로 지어놓고 받을 때 되어선 좋은 것만 받겠다고 하니 중생심이란 얼마나 교활합니까.

괴로움은 받기 싫은데 지어 놓았으니 지은대로 자꾸 나오게 되고, 그걸 받지 않으려고 하니 괴로운 것입니다.

내가 지어 놓은 죄업이 부처님 전에 기복으로 괴로움이 비켜갈 것이란 어리석은 생각은 하지 마십시오.

기도, 수행 많이 한다고 괴로움이 비켜가는 것이 아닙니다.

다만 그 수행심으로 괴로움에 걸리지 않는 것입니다.

수행자는 괴로움 없는 이가 아니라 괴로움에 얽매이지 않는 이라고 하지 않던가요.

괴로움의 과보가 왔을 때 싫다고 비켜 가면 그만인 듯하지만 도리어 더 큰 과보가 되어 언젠가 내 앞을 가로막을 것입니다.

반드시 그렇게 되어 있는 것이 법계의 이치입니다.

그렇기에 다 받아들이고 내 앞에서 당당해지세요.

자기 자신을 속이지 말고 겨자씨만큼도 스스로 앞에 감추지 말고 있는 그대로 모두를 받아들이세요.

'나' 만 쑥 빠지고
없어지면 됩니다

우리들이 가지고 있는 가장 큰 병통이 바로 '내가 한다'는 아상입니다.

내가 한다는 아상이 있게 되면 나를 드러내고 싶은 마음, 더 잘하고 싶은 마음, 잘해서 인정받고 싶은 마음, 칭찬받고 싶은 마음, 남보다 못했을 때의 열등감, 보다 잘했을 때 우월감에서 남을 얕보는 마음, 나 잘났다고 하는 거만함, 못하면 괴로운 마음, 마음대로 되지 않을 때의 답답한 마음…… 등등 수없이 많은 분별심이 생겨나게 마련입니다.

그러다가 너무 큰 일이 터져 도저히 주체할 수 없을 만큼이 되면 우왕좌왕 괴롭다 괴롭다를 연발하며 심지어는 삶을 포기하는 경우까지 생겨나게 됩니다.

이 모든 일이 '내가 하는 일'이기 때문에 생겨나는 일들입니다.

나의 일이란 언제나 그렇듯 이렇게 번거롭고 복잡합니다.

그래서 일체의 모든 일을 함에 '내 일'이 아닌 '부처님 일'로 되돌려 놓으라는 것입니다.

'거짓 나의 일'이 아닌 참나의 본래자리에서 하는 일이라고 굳게 믿고 가는 것입니다.

본래로 세상의 모든 일들은 다 마음자리, 본래자리에서 나온 일입니다.

주인공이라 해도 좋고, 한마음, 불성, 참나, 여래장, 참생명……
이름이야 뭐라해도 좋지만 그 한자리에서 나온 일임은 분명한 일입니다.

주인도 없고, 내 것 네 것의 분별도 없고, 그저 텅 비어 있는 그 자리에서 나왔건만 우리들이 내 것이라고 분별하고 잡으려 하고 내 일로 붙잡느라 정신이 없다보니 그로 인해 온갖 괴로움이 생겨나는 것입니다.

그러니 본래 나온 자리, 그 근원으로 다시 돌이켜 놓으라는 것입니다.

'내가 한다'고 하는 어리석은 마음으로 온갖 시비분별과 갖은 숱한 일들을 만들어 놓았으니 여기에 또다시 내가 하게 되면 도리어 또 다른 업식만 더하는 꼴이 되고 맙니다.

'나'만 쑥 빠지고 없어지면 됩니다.
나만 죽어버리면 됩니다.
더럽혀진 거울을 닦으면 맑고 깨끗한 거울이 저절로 드러나듯, 탐진치에 물든 '나'를 비워버리고 나면 저절로 본래자리 참성품이 밝게 드러나는 법입니다.

본래의 참생명 주인공은 이렇듯 어디에도 걸림이 없는 존재입니다.

그 밝은 주인공으로써의 삶을 살자는 것입니다.

어리석은 중생으로써의 삶을 접고 부처님으로써의 삶을 살자는 것입니다.

'턱 놓고는 진짜 부처님 일로 되어졌을까?'

하고 걱정할 필요도 없습니다.

마음에서 돌이켜 놓았다 하면 이미 그렇게 되어진 것입니다.

자꾸 생겨나는 의심이 되려 한 생각 돌이킨 부처님 마음을 주저앉게 만듭니다.

부처님께 모든 것을 맡기고 바치고 온전히 공양을 올리는 일,

이보다 더 쉬운 일이 어디 있겠습니까.

이렇게 쉬운 것이 부처님 법입니다.

억겁동안 중생마음을 닦고 닦아 언젠가 부처 마음될 날을 기다리자니 얼마나 더디고 얼마나 답답한 노릇입니까.

이 몸 그대로, 이 마음 그대로 이 자리에서 놓고 나면 그대로 부처님인데 말입니다.

한 생각 돌이키면 부처님인데 말입니다.

어렵게 생각할 것 하나도 없습니다.

'내가 한다'는 아상을 녹이기 위해 나를 비우고 대신에 밝은 참생명인 본래 자리에다가 일체를 던져버리자는 것입니다.

이 공부는 부처되려고 닦는 공부가 아니라 이미 되어있는 부처로 살아가는 공부입니다.

부처님 되는 공부가 아니라 이미 부처님임을 믿는 생활이 되어야 한다는 것입니다.

모두 하나입니다

"마음도 아니고, 부처도 아니고, 한 물건도 아닌 이것이 무엇인가?"

이 말을 새겨 보십시오.

이 말만 알게 되면 어떠한 경계든지 언제라도 마음이 움직이지 않고 자유자재할 수 있게 됩니다.

이 세상에 존재하는 어떤 물체이든 단일로 존재하는 것은 없다는 것이 현대 물리학의 연구 성과입니다.

우리의 존재 원리가 바로 "중도연기(中道緣起)"입니다

연기법은 이것으로 인해서 저것이 생기고 또 저것으로 인해서 다른 것이 생겨나는 것을 말하는 것입니다.

그 연기법이 모든 우주 삼라만상이 생겨나고 또 이어져 가고 있는 것의 기본이 되기 때문에 우주의 모든 것을 알 수 있다고 하는 것입니다.

이 세상에 최소 물질이란 것도 1~2가지 물체가 결합되어 있습니다.

이것이 연기(緣起)라는 것과 같은 것입니다.

우리가 사는 집이란 것도 아파트이든, 단독주택이든, 실제로 집이 따로 있는 것은 아닙니다.

수백 가지 재료가 얽혀서 물체가 된 것이죠.

집이 독립되어 존재하는 것은 아니라는 것을 알아야 합니다.

〈반야심경〉에

"오온개공(五蘊皆空)"이 나옵니다.

"다섯 가지 쌓임이 모두 공이다" 하지요.

보고, 듣고, 느끼고, 행동하고, 생각하는 것이 모두 공이라는 겁니다.

그러니 집이란 것도 독립된 실체가 없는 겁니다.

이 세상에 모든 물질이 이와 같아서 서로서로 의지하여 존재합니다.

이것을 "우주 만물이 연기(緣起)로 존재한다"고 말합니다.

우주 만물에 나도 포함되어 있으니 나도 연기로 존재할 뿐입니다.

인간의 몸은 수십조의 세포가 결합하여 생긴 겁니다.

이 수십조 세포가 결합하여 정신 작용을 나타내니 이것이 마음입니다.

그래서 서로서로 의존하여 존재한다 하여 연기로 존재한다는 겁니다.

내가 연기로 존재한다는 존재 원리를 알게 되면,

나를 사랑하는 것이 남을 사랑하는 것이요.

남을 사랑하는 것이 나를 사랑하는 것임을 알게 됩니다.

중도연기를 이해하면 모두가 하나라는 것을 알게 됩니다.

모두가 하나라는 것을 알지 못하니 나와 남을 차별하고 진보다 보수다, 옳다 그르다 시비분별이 끊이질 않습니다.

이 연기를 이해한 것을 "양변을 여읜 자성 자리"라 합니다.

양변을 여읜 자성 자리를 깨치면 우리 모두 부처가 될 수 있습니다.

이 세상에 많은 종교가 있지만, 연기를 이야기한 종교는 불교 밖에 없습니다.

이 불교의 양변을 여읜 자리는 부처도 부정하고 중생도 부정합니다.

양변을 여읜 자리에는 부처도 중생도 차별하지 않습니다.

모두 하나입니다.

남녀 간에 사랑도 마찬가지입니다.

요즘 사람들은 잘 쓰지 않습니다만, "은애(恩愛)"라는 좋은 말이 있습니다.

서로서로 위해주고 사랑한다는 말이죠.

서로 위해주고 고맙게 생각하며 사랑한다면 이혼할 일이 없겠지요.

우리나라 이혼율이 세계 1위라는데 한 번 생각해 볼 일입니다.

이 지구상에 대립과 갈등, 전쟁이 지속되고 심화되는 것은 "내가 있다"고 생각하는 구조 때문에 더 심화될 것입니다.

이것을 해결하기 위해선 "내가 없다"는 연기(緣起)사상을 널리 알려야 합니다.

그런데 이 연기를 이해하는데 시간이 너무 많이 걸립니다.

불교를 공부하면 우주의 존재 원리가 연기라는 것을 알 수 있고, 연기를 알면 이 세상에 독립된 내가 따로 없고 나와 남이 하나임을 알게 됩니다.

그러면 남과 대립 갈등하지 않게 됩니다.

우리가 이미 부처라는 것을 알 수 있습니다.

그래서 서로서로 돕고 협력하여 자기 하는 일의 가치와 의미를 알게 되어 무한 경쟁이 아니라 무한 향상으로 갈 수 있게 됩니다.

다만, 우리가 착각에 빠져 '나'에 집착하기 때문에 괴롭게 살고, 대립과 갈등으로 고통받고 그리고 전쟁까지 하게 된다는 겁니다.

우리의 존재 원리인 중도연기를 이해하면 우리가 본래 부처라는 것, 내가 부처라는 것도 알게 됩니다.

바로 우리가 부처라는 것을 아시고, 중도연기를 이해하셔야 하겠습니다.

놓을 줄 아는 지혜

이 세상은 그대로 인연 따라 나툽니다.

원인을 지으면 받듯이 그에 따른 결과가 따라옵니다.

이 세상 그 어떤 곳에 숨어있어도 인연과보라는 법칙을 피할 곳은 없습니다.

인연과보라는 것은 죽음 이후에도 반드시 따라오는 법, 지금 내 삶이 진행되어 가는 모습은 내가 과거로부터 지어 온 업장이 현실화되는 과정인 것입니다.

내가 짓지 않은 것은 결코 현실로 나올 수 없는 것입니다.

지금 일어나는 현실은 분명 내가 지은 일이고 과거의 결과인 것입니다.

누군가가 나를 욕하더라도 그것은 내 과거의 과보를 받고 있는 것이라고 볼 수 있는 것입니다.

그러니 당장에 욕 얻어먹는 것은 괴롭지만 그것은 과거의 악업의 결과를 받음으로써 녹여가는 과정인 것입니다.

그러니 괴로운 일도 크게 보면 좋은 일이라는 이치가 되는 겁니다.

다 부처님의 일이고 진리의 일입니다.

괴롭고 힘든 일들은 과거세 악업의 과보를 받는 일이기에, 내 업장은 그만큼 깨끗해지는 일인 것입니다.

또한 좋은 결과만 받겠다고 좋은 일이 있기만을 바랄 것도 없습니다.

내 삶에 행운만이 있길 바랄 것도 없습니다.

인과법에 대박이란 없습니다.

내가 과거세에 지은 복을 지금 유형·무형으로 받는 것일 뿐입니다.

그러니 좋은 일만 자꾸 일어나는 것은 그만큼 내 안의 복을 자꾸 까먹는 일이고, 선업의 업장을 다 써버리고 있는 것에 불과합니다.

다시 말해 나쁜 일이 생기는 것은 내 악업이 녹아내리느라고 그러는 것이고, 좋은 일이 생기는 것은 과거에 지은 복, 선업을 받느라고 그러는 셈이지요.

그러니 나쁜 일이라고 거부할 것도 없고, 좋은 일이라고 더 받고자 애쓸 것도 없습니다.

이 세상에서는 그저 꼭 필요한 일이 인연 따라 필요할 때 일어나고 있을 뿐입니다.

그러니 싫다고 거부할 것도, 좋다고 애착할 것도 없이 그저 시비분별을 다 놓아버리고 있는 그대로 다 받아들여야 하는 것입니다.

좋은 것도, 싫은 것도, 다 받아들이는 것이 인연법을 실천하는 일이고, 우리의 업을 맑게 하는 일인 것입니다.

그러나 사람들의 삶의 방식은 좋은 것은 더 얻지 못해 애쓰고 집착하며, 싫은 것은 버리지 못해 애쓰고 괴로워합니다.

변화한다는 이치를 받아들이지 않고 항상 하기를 바라며 붙잡아두려 하는 거지요.

붙잡아두었을 때, 그래서 '내 것'이란 소유물들이 많아질 때, 좀 더 많이 소유하고 집착하는 대상을 붙잡아 두었을 때 행복하다고 착각하며 살아가고 있다는 말입니다.

그렇게 죽을 때까지 집착하고 그 집착의 대상을 끊임없이 소유하고자 하는 행위들이 중생들의 기본적인 삶이 돼 버렸습니다.

집착하는 대상을 얻었을 때 행복하고, 집착하는 대상을 잃었을 때 괴로움에서 허덕이고 있는 것입니다.

그러나 이 세상에 항상 하는 것은 어디에도 없기 때문에 집착할만한 것은 어디에도 없습니다.

변화한다는 진리 앞에서 집착은 괴로움을 동반할 뿐입니다.

그러니 힘들고 괴로움을 만났을 때 불제자답게 또 한 가지 업장이 녹는구나 하고, 공부재료로 돌이켜서 놓을 줄 아는 지혜가 필요합니다.

좋다고 잡지도 않고, 싫다고 버리지도 않고, 다만 있는 그대로 받아들이고 살면, 그렇게 큰 긍정으로 살면 괴로울 일이 없습니다.

변하는 것을 변하도록 내버려 두고 인정해 줄 수 있다면 그 어떤 것도 집착하지 않게 되는 것이지요.

다 받아들였을 때 업을 녹일 수 있고, 인과응보라는 육도윤회의 사슬에서 조금씩 벗어날 수 있는 것입니다.

여기에서 깨어있어야
한다는 말

일상의 모든 일들이 그 자체로써 목적이 되었을 때 그 자체로써 수행이 되고, 깨달음의 순간이 되었을 때 그 어떤 순간도 우리를 괴롭힐 수 없게 됩니다.

수행하는 순간 느낄 수 있는 그 행복감과 평화로움을 매 순간순간 함께 할 수 있기 때문입니다.

모든 과정은 그 자체로서 온전한 목적이 되어야 합니다.

그 자체가 그대로 부처님의 성품을 드러내는 순간이고, 수행의 순간이며, 깨달음의 순간이 되어야 합니다.

여기에서 깨달음의 순간이라고 말했는데, 많은 사람들은 수행을 통해 깨달음을 얻는다고 생각합니다.

그런 생각 때문에 수행은 과정이고, 그 과정을 통해 깨달음이라는 목적을 향해 나아간다고 착각합니다.

이것은 아주 잘못된 생각입니다.

일체중생에게 모두 불성이 있다는 말은 그 말 자체가 벌써 상대성을 내포하게 되어 있습니다.

일체중생이 그대로 부처님 성품이라고 해야 합니다.

중생이 깨달아서 부처가 된다는 말도 벌써 상대성의 말입니다.

깨닫지 못한 중생이 따로 있고, 이미 깨달은 부처가 따로 있다고 나누어 놓는 말이거든요.

어리석은 '중생'이 수행이라는 '마음' 닦는 과정을 통해 깨달은 '부처'가 된다는 말은 잘못된 말입니다.

아니 잘못된 말이라기보다는 진리를 그대로 표현한 말이 아니라 방편으로 알아듣기 쉽게 표현한 말이라는 거지요.

중생이나 마음이나 부처나 그게 다른 것이 아닌 하나가 되어야 하는 겁니다.

그래서 화엄경에서는 '마음과 부처와 중생, 이 세 가지는 아무런 차별이 없다.'라고 했던 거지요.

다시 말해 우리가 열심히 수행해 깨달음의 목적을 이루자 이렇게 깨달음을 먼 목적으로 생각하지 말라는 말입니다.

오직 지금 이 순간이 그대로 깨달음의 순간이고, 부처의 순간이라고 해야 합니다.

그래야 모든 순간순간이 다 소중하고, 다 본래성품을 발현하는 순간이 되는 겁니다.

그랬을 때 우리 삶의 그 어떤 순간도 우리를 괴롭게 만들지 못합니다.

모든 순간이 다 온전한 순간이고, 우리가 그렇게 바라던 깨달음의 순간이라면 온전한 만족만이 있습니다.

만족은 행복을 가져옵니다.

조금 더 쉽게 말하면, 매 순간순간이 그대로 깨달음의 순간이 된다는 말은, 매 순간순간 과거도 미래도 다 놓아버리고, 오직 지금 여기에서 깨어있어야 한다는 말입니다.

내 인생의 모든 순간은 어느 한 순간도 더 중요하다거나 덜 중요한 것도 아니고, 낱낱이 모든 순간이 절대의 순간인 것입니다.

바로 그 순간이 내 인생의 꿈이 실현되는 순간인 것입니다.

모든 순간순간들이 낱낱이 소중하고, 모든 존재가 낱낱이 똑같이 소중하다는 말입니다.

내가 살아가는 매 순간순간이 그대로 목적이 되도록 하세요.

내가 살아가는 매 순간순간이 그대로 수행이 되도록, 그대로 깨달음의 순간이 되도록 하자는 것입니다.

바로 본다는
것의 의미

삼독심이란 탐내고(貪心), 성내고(瞋心), 어리석은(癡心) 마음으로 우리 중생들이 가지고 있는 근본 무명을 의미합니다.

좋은 느낌(樂受)을 계속 일으키고 싶은 마음에서 탐심(貪心, 탐냄, 애욕)이 생기며, 싫은 느낌(苦受)을 일으키지 않으려는 마음에서 진심(瞋心, 성냄, 화냄)이 생기고, 본래 좋고 싫음이 나누어 있지 않은 무분별의 느낌에 '좋은 느낌', '싫은 느낌' 하고 분별하고 나눔으로 인해 치심(癡心, 어리석음, 무명)이 시작되는 것입니다.

다시 말해 우리의 감각기관, 우리 몸에서 느낄 수 있는 이 모든 '느낌'들은 어느 하나 빼놓지 않고 중요한 의미를 지닙니다.

탐진치 삼독심의 원동력이 바로 '느낌'이기 때문입니다.

나아가 삼독심이 원인이 되어 각종의 분별(識)과 행위(業)를 일으키는 것입니다.

쉽게 말해 우리가 중생인 이유, 윤회하는 이유, 깨닫지 못하는 이유가 바로 이 느낌을 잘 다루지 못하기 때문이란 것입니다.

경전에서는 탐진치 삼독심을 소멸하는 것을 일컬어 열반(涅槃)이라 한다고 하였습니다.

다시 말해 삼독심의 소멸, 즉 무명의 소멸이 바로 우리가 추구하고자 하는 깨달음의 길, 열반의 길이라는 말입니다.

즉, 육근에서 일어나는 각종의 느낌들을 닦아가는 것이 바로 수행의 핵심이라 할 것입니다.

눈으로 색을 바로 보고, 귀로 소리를 바로 듣고, 코로 냄새를 바로 맡고……
그렇다면 바로 본다는 것이 의미하는 바는 무엇일까요.
바로 본다는 것은 세 가지 느낌을 통해 따라 일어나는 삼독심을 일어나지 않도록 차단해 버린다는 의미를 가집니다.
즉, 세 가지 느낌이 일어날 때 부수적으로 따르는 탐냄, 성냄, 어리석음을 그 앞 단계, 즉 느낌의 단계에서 녹여버리는 것입니다.
그러나 부처님은 느낌을 올바로 관찰함으로써 느낌 다음 단계인 애욕, 집착 등으로 마음을 넘겨 보내지 않습니다.

느낌 그 자체를 온전히 관찰함으로써 번뇌로 연결되는 것을 능히 막게 됩니다.
부처님께서는 이에 대한 좋은 예로 '두 번째 화살을 맞지 말라'고 하셨습니다.
범부들이나 수행자나 모두 세 가지 느낌을 일으킨다면, 그 차이는 무엇인가 하는 의문에 부처님께서는 이렇게 답변하셨습니다.

"비구들이여,
범부들은 싫은 느낌이 일어날 때 괴로움에 빠져 슬퍼하다가 점점 혼미해지느니라.
그것은 마치 첫 번째 화살을 맞고 다시 두 번째 화살을 맞는 것과 같으니, 그에 비해 수행자는 싫은 느낌을 받아도 비탄에 빠지거나 슬퍼하며 혼미해지지 않느니라.

나는 그것을 '두 번째 화살을 맞지 않는 것'이라고 이야기한다."

다시 말해 처음 당해서 오는 아픈 느낌이 첫 번째 화살을 맞은 것이라면, 수행자는 마땅히 그 싫은 느낌을 올바로 관찰하고 다스려 더 큰 괴로움과 번뇌가 되도록 마음을 진행시키지 않음으로써 그저 흘려보냄으로 두 번째 화살을 맞지 않게 된다는 것입니다.

내가 괴롭고, 내가 기쁘고, 내가 슬프며, 외롭고, 서글프고, 내가 있으니 칭찬받고 싶고, 이름 드러내고 싶고, 잘나고 싶고, 얼굴이며 외모도 꾸미고 싶고, 우리가 살아가며 만들어내는 모든 일들이 다 '나'라는 놈이 있기 때문에 벌어지는 일들입니다.

'나'만 쑥 빠지면 어느 한 가지에라도 걸릴 것이 없습니다.

아상 때문에 세상이 괴롭고 힘겨운 것입니다.

그래서 아상을 놓으면 세상 어느 것에도 걸릴 것이 없어집니다.

내 일이라고 하면 온갖 괴로움이며 분별, 욕구, 집착이 붙습니다.

그게 첫 번째 화살인 겁니다.

그래서 잘 되면 행복, 못 되면 괴로워하고, 두 번째 화살…… 분별 짓게 됩니다.

그러니 세상이 참 답답한 노릇이죠.

그런데 내 앞에 펼쳐지는 이 모든 일들을 "부처님 일"로 돌려놓게 되면 내가 걱정할 일이 없어집니다.

"부처님 일"이라고 했을 때 "부처님"이란 내 밖에 있는 부처님이 아닙니다.

내 안의 "참나", "자성불", "주인공"'을 의미하는 것입니다.

부처님이 하시는 일이라고 굳게 믿고 놓으면 사사로운 나의 욕심이며, 분별, 집착이 놓여지게 됩니다.

가장 올바른 다스림

무언가 일을 행할 때,
내 생각으로 옳다 그르다, 맞다 틀리다,
잘했다 잘못했다 말하고 분별하면서
어느 한 쪽을 택하도록 강요하지 말아야 합니다.
분별없는 마음으로 다만 스스로 선택할 수 있도록
그 결정에 따뜻한 바라봄의 시선을 보내고 응원해 주어야합니다.

누군가가 결정해 주는 것은 자신 스스로 내면의 답을 찾아 결정한
것만 못하게 됩니다.
스스로에게 물을 수 있도록 스스로에게서 그 답을 찾아낼 수 있도
록 해야 하는 것입니다.
아마도 많은 사람들이 이런 저런 어려움이 있을 때 다른 이들을 찾
아가 답을 구하곤 하는데, 열이면 열 답이 다 다를 수 있습니다.

저마다 살아온 경험에 비춰 답을 대신 내려주니까,
저마다 자신의 지식에 비춰 옳다 그르다 분별된 지식으로 알려주
니까 말입니다.
그러나 세상에 딱 정해져 옳고 그른 것은 없다는 것입니다.
다만 다른 것이 있을 뿐이지요.

그러니 우리들 분별로써 둘로 나누어 거기에서 옳은 것을 택하는 지식은 불완전하고 근원적이지 않습니다.

그러나 절에 스님을 찾아가 물으면 답을 대신해서 내려주지 않을 것입니다.

스스로 그 답을 찾을 수 있도록, 자신 안에서 그 답을 발견할 수 있도록 자신의 내면을 바라보는 법을 알려 줄 뿐입니다.

그것이 밝은 선지식의 답변입니다.
그렇게 놓아주고 바라보아 주는 것,
그것이 사람을 다스리는 방법이고,
때로는 자식을 키우는 방법이고,
직원들을 다스리는 방법이 되어야 합니다.

나는 얼마나 사람들을 통제하려 들었는가.
얼마나 내 자식을 또는 아랫사람을 내 고집대로 키우려고 했고 다스렸는가.
그로인해 그들의 마음은 얼마나 얼룩졌을까.
그러니 그냥 놓아주고 다만 바라봐 주기만 하면 됩니다.
본래 법계가 그렇게 여여하게 움직이고 있듯이, 그것이 진정한 사랑이고 따뜻한 관심입니다.
그것이 그들에게 참된 지혜를 베풀어 주는 것이고, 그들 안에서 밝은 지혜가 움트게 만들어 주는 것입니다.

다스림을 강하게 받는 사람일수록 그 내면은 거스르고자 하는 마음과 반발하려는 마음만 커갈 뿐입니다.

오히려 그들로 하여금 그들 스스로 할 수 있도록 그들이 하고 싶은 대로 할 수 있도록 놓아주었을 때, 더 큰 의미에서 나의 다스림을 받게 되는 것입니다.

가장 올바른 다스림은 가장 열린 마음으로 놓아주는 것입니다.

깨달음에 대한
환상

자신을 돌이켜 봅시다.

'나는 과연 있는 그대로를 있는 그대로 볼 눈을 가졌는가!'

'있는 그대로를 있는 그대로 보고 듣고 느끼고 받아들일 수 있겠는 가!' 하고 말입니다.

애석하게도 우리들의 시야는 그렇지 못합니다.

천지 법계는 있는 그대로 언제나처럼 그렇게 여여한 모습으로 놓여있건만 우리의 시선은 온통 고정관념과 업식(業識)으로 물들어 있기 때문입니다.

있는 그대로를 있는 그대로 바라보지 못하고 우리는 숫한 편견과 색안경을 낀 채 '자기잣대'로 삐뚤어지게 세상을 바라봅니다.

어느 한 대상을 바라봄에도 자기잣대 만큼만 바라보고 자기만큼만 판단합니다.

내 식대로의 바라봄만이 있을 뿐입니다.

이를테면 한 사람을 바라봄에도 수백, 수천 명이 바라보는 그 '한 사람'은 같지 않습니다.

사람은 여여히 그대로의 모습으로 한 사람이건만 바라보는 시선은 사람 수대로 수백, 수천이 되어 버립니다.

본래 면목자리, 참나 주인공이란 멀리서, 밖에서 찾는 것이 아닌 바로 내 안에서 언제나처럼 은은한 시선과 미소로 우리의 내면을 지탱하고 있는 뿌리일 것입니다.

　너무 가까이 있기에 오히려 찾을 수 없는, 눈이 다른 모든 사물을 볼 수 있지만 늘 함께 가장 가까운 곳에 있는 자신(눈)을 볼 수 없듯이 말입니다.

　깨달음이란 보여지는 것을 있는 그대로 보고 듣고 느끼는 것 이외의 다른 것은 아닐 것입니다.

　있는 그대로를 있는 그대로 보고 느끼고 받아들이는 것에 다름이 아닙니다.

　있는 그대로 보여지는 일체 법계의 모습을 '있는 그대로 볼 수 있는(正見)' 바로 그것이 깨달음일 것입니다.

　매우 평범하고 단순하면서도 가까운 것 말입니다.

　오히려 그렇게 단순한 것이기에 우리들의 깨달음에 대한 환상적 고정관념이 깨달음에서 우리 스스로를 점점 멀어지게 했는지도 모를 일입니다.

　있는 그대로의 현실을 자신의 잣대로 재고 분별하여 바라보는 이가 중생이고,

　있는 그대로의 현실을 있는 그대로 바라보는 이가 깨달은 이일 것입니다.

　깨달음의 시선은 무분별(無分別), 무소유(無所有), 무소득(無所得), 무집착(無執着)의 어디에도 걸림이 없는 편견 없는 맑은 행입니다.

분별하지 않음이며, 소유하지 않음이며, 얻고자 하지 않음이고, 그렇기에 집착하지 않는 맑은 마음입니다.

대상에 대해 '이렇다, 저렇다' 분별하지 않으며, '내 것이다, 네 것이다' 소유의 관념을 짓지 않고, 아집 때문에 내 것으로 얻고자 하지 않습니다.

어디에도 걸림이 없고 집착이 없는 '있는 그대로를 있는 그대로' 볼 수 있는 무분별의 맑은 시야입니다.

그저 일체의 모든 대상은 이름 지을 수도 없고, 분별 지을 수도 없고, 소유할 수도 없으며, 집착할 것도 없는 애써 말한다면 '그저 그런 것' 일 뿐입니다.

깨달음에 대한 환상에서 이제 벗어나야 합니다.

깨달음은 '지금 여기'에서 바로 '나'의 문제가 되어야 합니다.

깨달음 그 자체는 환상도 아니요,

신비주의적인 그 어떤 오묘한 형상을 가진 것도 아닙니다.

우리 마음속에서 상상하고 있는 그런 모습은 깨침이 아닙니다.

오히려 깨달음을 그렇게 어렵게 바라보고 있는 그 시선이 나를 깨달음과 멀어지게 만드는 가장 큰 장애라는 것을 아셔야 합니다.

가난을 선택할 수 있는 용기

가난해야 몸도 마음도 건강해 질 수 있고, 온갖 번뇌며 욕심에서 벗어나 호젓하게 살 수 있습니다.

가난했을 때 우리가 그동안 욕심과 집착 소유 때문에 보지 못했던 것을 볼 수 있게 되고, 듣지 못했던 것을 들을 수 있게 되며, 할 수 없었던 것을 할 수 있게 됩니다.

물이 흘러가듯 아주 자연스럽고 고요하게 걸림이 없으면서 평화롭게 살아갈 수 있습니다.

부자가 되길 빌어서는 안 됩니다.

부자 그 자체가 목적이 되어서는 안 됩니다.

가난을 선택할 수 있는 용기를 위해 기도해야 합니다.

부유하더라도 그 부유함에 집착하지 않고 마음이 이 세상을 향해 활짝 열려있다면 그 사람은 가난한 삶을 살아가고 있는 것입니다.

소유한 것이 많더라도 그 소유의 달콤함에서 벗어나고 소유의 집착으로부터 벗어나서 가난하게 살며, 아끼고 살며, 나누고 살 수 있다면 그 사람이야말로 참된 가난을 실천하는 자입니다.

지금 이 세상은 모두가 입을 모으고 부자를 칭송하는 때이지만, 눈 밝은 지혜로운 이라면 지금 이 시대에서도 가난의 소중함을 깨달을 수 있을 것입니다.

이 세상의 논리에 쫓아갈 것은 없습니다.

모두가 그 길로 간다고 나도 그리로 따라갈 필요는 없습니다.

이 세상 모든 이들이, 모든 경제인, 정치가, 위인들……

이 모든 사람들이 모두 그 길로 가더라도

지혜로운 이는 외롭지만 홀로 가는 밝은 길을 택할 것입니다.

부유하고 돈이 많을수록 우리 손과 발은 할 일이 없어집니다.

대신에 머릿속에 집어넣어야 하는 것들이 늘어나고, 머릿속으로 복잡하게 계산하고, 따지고 비교 분석하는 등의 온갖 번뇌와 혼란스러운 삶이 가까워지게 되는 것이지요.

그러면서 더욱 편리한 삶을 추구하게 되고, 더욱 손과 발을 편해지길 원하게 되며,

그러기 위해 더욱 더 부유해지길 원하곤 합니다.

그 마음은 곧 욕심과 집착을 부추기고, 욕심과 집착은 곧 모든 괴로움의 씨앗이 됩니다.

가난한 삶이 주는 그 참된 지혜와 복덕을 가슴 깊이 사유해 볼 수 있기를 바라며, 내가 충분히 지혜롭다면 스스로 가난을 선택할 것이고, 내게 충분히 용기가 있다면 스스로 지혜로운 가난을 선택할 수 있을 것입니다.

무소의 뿔처럼
혼자 가라

무소의 뿔처럼 혼자서 가야합니다.

우리는 혼자 있음을 배워야 합니다.

우리는 외로워야 합니다.

아니 혼자있는, 외로움 속에서도 늘 자기 마음의 주인을 확고히 세울 수 있어야 합니다.

마음의 주장자 밝게 서 있다면 주장자로써 살아가지 곁가지로 휘둘려 살지 않습니다.

혼자서도 당당하고 떳떳하며 자유로울 수 있어야 합니다.

외로움이라는 것은 하나의 상황입니다.

가만히 생각해 봅시다.

우리가 살아오며 추구하던 그 모든 것들은 내 혼자서는 아무런 쓸모가 없습니다.

다른 누군가와 견주어 질 때만 그 진가를 발휘하게 됩니다.

나와 견줄만한 누군가가 있을 때, 내가 더 잘생겼을 수도 있고, 똑똑할 수도 있고, 명예로울 수 있으며, 부자일 수 있고, 학벌이 좋을 수도 있는 법입니다.

혼자서는 잘나고 못나고도 없으며, 부자와 가난도 없고 아름다움과 추함도, 뚱뚱함과 가냘픔도, 학벌이나 명예, 지위가 높고 낮음도 아무 소용이 없습니다.

진정 혼자일 때 그 어떤 시비분별도 다 끊어지는 것입니다.

그 말은 다시 말해 혼자일 때 어디에도 걸리지 않고 자유로워질 수 있다는 것입니다.

돈의 많고 적음에, 잘나고 못남에, 높고 낮음, 크고 작음, 이 모든 양극단의 판단 분별 속에서 벗어날 수 있다는 말입니다.

혼자일 때 답답하고 무기력한 이유는 바로 여기 있습니다.

내가 추구하고자 하는 것을 혼자서는 도저히 이루어 낼 수가 없기 때문이며, 혼자라는 것은 나를 알아주고 인정해 줄 그 누구도 존재하지 않는다는 말이기 때문입니다.

사람들은 태어나면서부터 어떻게 하면 남들보다 더 잘 살고, 남들에게 인정받는지 남들에게 잘 보일 수 있으며, 남들에게 승리할 수 있는지를 교육 받아왔습니다.

그것이 삶을 살아가는 행과 불행을 좌우해 왔습니다.

돈이 남보다 많으면 행복, 그렇지 않으면 불행, 권력이나 지위, 계급이 남보다 높으면 행복, 그렇지 않으면 불행, 얼굴이며 몸매가 남들보다 잘 빠지면 행복, 그렇지 않으면 불행, 학벌이 남들보다 좋으면 행복, 그렇지 않으면 불행, 남들보다 커야하고, 남들보다 잘나야 하고, 남들보다 똑똑해야 세상 살아가는 행복을 느낄 수 있었습니다.

그렇듯 남들에 비해 어떠어떠한 상대적인 행복을 찾는 것만 익숙해 왔습니다.

남들과 함께 있음으로 '나'를 느끼고 맛볼 수 있었습니다.

나는 착하다, 잘생겼다, 똑똑하다, 키가 크다 등등

이 모든 '나'를 규정하는 판단 분별은 상대가 있어야만 가능한 것들이었습니다.

홀로 있음이란 나를 내세울 수 없다는 말입니다.

'나'를 내세울 수 없기 때문에 혼자는 괴로운 것입니다.

나를 내세우는 일만 배우고, 그것만을 하며 살아왔는데 그 일에서 한번 떨어져 보라고 하니 무기력해지는 것입니다.

그러니 이 '혼자있음'의 공부는 상대적인 모든 시비분별을 떠나는 공부입니다.

그러기에 '혼자있음', '외로움'이란 가장 빨리 실천에 옮길 수 있는 체험적인 공부, 생생한 공부인 것입니다.

그럼에도 불구하고 '혼자' 있을 수 없는 이유는 바로 이 '나'라는 놈 때문입니다.

'나'가 남아 있는 이상 여전히 시비분별은 닦이지 않을 것입니다.

생(生)이 없다면 사(死)는 논할 필요조차 없습니다.

생이 있기 때문에 죽음 또한 생기는 것이기 때문입니다.

마찬가지로 많은 남들, 즉 상대가 없다면 나, 즉 혼자라는 것 또한 혼자라고 이름 붙일 필요조차 없게 됩니다.

상대가 없는 '나'는 더 이상 나가 아닌 것입니다.

조금 쉽게 말해 이 세상에 오직 '나' 혼자만 있다면 둘 셋이란 말조차 필요 없을 것이고, 상대라는 말조차 끊어진 개념이 되고 말 것입니다.

그렇기에 혼자있음이란 상대와의 시비분별이 끊어진 자리입니다.

그것을 배우는 일이다 보니 혼자있음이 답답하고 무기력해지는 것입니다.

지금까지 살아오며 배워 온 상대와의 분별 속에서 남들보다 더 나아야 한다는 신념들을 송두리째 뽑아버리는 일이기 때문입니다.

사람들은 누구나 혼자 왔다가 혼자 가야 합니다.

세상을 살아가면서도 사실은 혼자 살고 가는 것입니다.

잠시 부모, 부부, 친구, 친지, 형제, 이웃, 도반과 함께 한다고 생각하지만 그 또한 잠시 조건 따라, 우리 업식 따라 인연지어진 것에 불과합니다.

함께 하기 때문에 덜 외로운 것처럼 생각하지만 외로움의 근본을 살펴보면 함께 한다고 적어지거나 혼자라고 늘어나는 것이 아닙니다.

잠시 없어진 듯해도 조건이 맞으면 다시 생겨나는 것이지요.

이런 사실을 바로 깨닫게 되면, 즉 외로움이라는 것 또한 하나의 상황이라는 것을 바로 알게 되면 그 헛된 마음에 놀아나지 않을 수 있게 됩니다.

상황을 바꾸는 것으로 외로움을 달래려 하지 마시기 바랍니다.

누군가와 함께 하는 것으로 외로움을 달래려 하지 마시기 바랍니다.

무소의 뿔처럼 혼자서도 갈 수 있어야 합니다.

생활이 도입니다

현재 나에게 주어진 삶을 열심히 살아나가면서 어떠한 경계가 닥쳐오더라도 겁내지 말아야 합니다.

내게 부딪혀 오는 모든 것이 나의 지혜를 넓혀 주기 위해서 다각적으로 다가오는 재료라 생각하고, 근본에 모두 맡겨놓고 지켜보십시요.

더 위로 올라가서 알려 하지도 말고, 아래로 내려가 모르지도 말며, 오직 근본 그 자체에 놓는다면 그대로 한 생각으로 모든 고가 소멸되어 위로는 조상들을 제도하고 아래로는 후손들의 뿌리를 튼튼하게 가꿔 줄 수 있는 겁니다.

생활이 도입니다.

모든 생명들의 의식과 생각하는 것이 자기라는 생명력에 결부되어 나옵니다.

업이 되고 유전이 되는 것들이 때가 되면 다 나와서 현재 이렇게 삶을 고생하게 하는 거지요.

자기가 한 행위로부터 한 발자국도 벗어나지 못하며, 선한 행위에는 선한 보답을, 악한 행위에는 악한 과보를 받는다는 것은 진리인 것입니다.

부처님 팔만사천의 말씀이 그 자리에서 하나가 되고, 온갖 번뇌와 고통이 거기에서는 태양 앞의 그림자처럼 흔적조차 남지 않습니다.

그런 위대한 광명이 바로 나 자신 안에서 빛나고 있습니다.

그것을 믿어야 합니다.

그 믿음이야말로 우리들 수행의 모든 것입니다.

그래서 나는 번뇌를 끊어라, 버려라 하는 말을 멈추라는 말로 바꾸기도 합니다.

끊으라는 말은 둘로 보기 때문에 나옵니다.

그렇게 둘로 보는 이상 그것은 끝내 끊어지지 않습니다.

도창스님의 신행한담

된다, 안 된다,
자기 한정의 늪에서 벗어나려면

1판 1쇄 발행 2013년 6월 10일
지은이 도창스님 **펴낸곳** 북씽크 **펴낸이** 최석원
주 소 서울시 성동구 행당동 192–29 성동샤르망 1019호 **전 화** 070–7808–5465
등록번호 제206–86–53244 **ISBN** 978–89–97827–23–7 **이메일** bookthink2@naver.com
Copyright ⓒ 2013 도창스님

＊잘못된 책은 구입처에서 교환해 드립니다